AF234133

GUIDES JOANNE

CHAMONIX

ET

LA VALLÉE DE CHAMONIX

HACHETTE & Cie

Prix : 50 centimes

CONTREXÉVILLE
DIURÉTIQUE, LAXATIVE, DIGESTIVE
à jeun
et aux repas
ABSOLUMENT INDIQUÉE
Régime des
GOUTTEUX
GRAVELEUX, ARTHRITIQUES
SOURCE DU PAVILLON

VÉRITABLES
GRAINS
de Santé
du docteur
FRANCK

CONSTIPATION
Le MEILLEUR REMÈDE
Le PLUS COMMODE
Le MOINS CHER
1/2 Boîte : 50 gr.... 1.50
Boîte : 105 gr.... 3 fr.
NOTICE dans chaque Boîte.
EN VENTE dans toutes les Pharmacies.
Refusez les nombreuses imitations. Exigez les
VÉRITABLES
GRAINS de SANTÉ du Dr FRANCK
Envoi gratuit d'échantillon sur demande
adressée à T. LEROY, 9, Rue de Cléry, PARIS.

Cie Coloniale

ÉTABLISSEMENT SPÉCIAL POUR LA FABRICATION

des

CHOCOLATS

de

QUALITÉ SUPÉRIEURE

Tous les Chocolats de la Cie Coloniale, *sans exception*, sont composés de matières premières de choix; ils sont exempts de tout mélange, de toute addition de substances étrangères, et préparés avec des soins inusités jusqu'à ce jour.

CHOCOLAT DE SANTÉ		CHOCOLAT DE POCHE		
Le 1/2 kilog.		et de voyage		
		en boîtes cachetées		
BON ORDINAIRE...........	2 50			
FIN...................	3 »	SUPERFIN.......... 250 gr.	2 25	
SUPERFIN...............	3 50	EXTRA......... d°..	2 50	
EXTRA.................	4 »	EXTRA-SUPÉRIEUR.... d°....	3 »	

THÉ Une SEULE QUALITÉ (QUALITÉ SUPÉRIEURE)

Composée exclusivement de Thés noirs de Chine

En Boîtes de 75, 150 et 300 grammes

Entrepôt général : Avenue de l'Opéra, 19, Paris

DANS TOUTES LES VILLES, CHEZ LES PRINCIPAUX COMMERÇANTS

CHAMONIX

ET LA VALLÉE DE CHAMONIX

RENSEIGNEMENTS PRATIQUES

Omnibus et voitures à la gare : — service de la Compagnie Forestier, correspondance du ch. de fer P.-L.-M. Les hôtels de Chamonix n'ont pas d'omnibus particulier; ils envoient leur portier à l'arrivée des trains, et les voyageurs sont transportés par le service Forestier au tarif suivant : 1 fr. par pers. avec 30 kilogr. de bagages; au-dessus de 30 kilogr., 20 c. par 10 kilogr.; bagages sans voyageurs, 1 fr. pour 50 kilogr. et au-dessous; au-dessus de 50 kilogr., 20 c. par 10 kilogr.

Hôtels. — Nous divisons les hôtels en trois séries : 1° ceux de Chamonix-bourg; 2° ceux de la vallée en amont de Chamonix; 3° ceux de la vallée en aval de Chamonix. Nous avons adopté l'ordre alphabétique, tous ces hôtels étant bien tenus; pour leur rang respectif, les touristes l'établiront aisément, d'abord en tenant compte de l'astérisque réservé aux maisons de premier ordre, ensuite en comparant les prix.

CHAMONIX. — Hôtels : — *des Allobroges* (ouvert du 1er mai à fin septembre; pet. déj. 1 fr. 25; déj. 2 fr., servi à part 2 fr. 50, din. 3 fr., vin non compris; ch. de 2 à 6 fr.; pens. dep. 6 fr. par j.); — *des Alpes* (1er mai au 15 octobre; pet. déj. 1 fr. 50; déj. 3 fr., servi à part 4 fr.; din. 4 et 5 fr., vin non compris; ch. 3 à 5 fr. par lit; pens. 9 à 12 fr.; bains; ch. noire; garage avec fosse, eau et atelier: grand jardin ombragé; véranda vitrée pour restaurant); — *d'Angleterre et Grand-Hôtel* (25 mai au 1er oct.; pet. déj. 1 fr. 50; déj. 3 fr. 50, servi à part 4 fr.; din. 4 fr. 50 et 5 fr., vin non compris; ch. de 3 à 8 fr.; pens. dep.

12 fr.; arrangements pour familles; bains, ch. noire; ascenseur; téléphone; garage avec fosse; grand jardin ombragé); — *Balmat* (toute l'année; pet. déj. 1 fr.; déj. 2 fr., din. 2 fr. 50, vin non compris; ch. de 1 fr. 50 à 4 fr.; pens. 6 à 10 fr.; bains; ch. noire; garage); — *Beau-Rivage et des Anglais* (1er mai au 15 oct.; pet. déj. 1 fr. 50; déj. 3 fr., servi à part 3 fr. 50; din. 4 fr. et 4 fr. 50, vin non compris; ch. 2 fr. 50 à 6 fr.; pens. 7 à 12 fr.; ch. noire; téléphone; garage pour autos; grand jardin ombragé avec terrasse); — *Beau-Site et Continental* (toute l'année; pet. déj. 1 fr. 50; déj. 2 fr. 50, servi à part 3 fr.; din. 3 fr. 50 et 4 fr., vin non compris; ch. 2 fr. 50 à 5 fr. par pers.; pens. dep. 7 fr.; bains et douches; ch. noire; garage pour dix voitures; voit. automobiles pour promenades; téléphone; grands jardins, dont un jardin alpin); — *Bellevue* (mai à fin sept.; pet. déj. 1 fr. 25; déj. 3 fr., din. 3 fr. 50, vin non compris, servis par petites tables; ch. 2 fr. 50 à 6 fr.; pens. depuis 6 fr. en mai, de 7 à 10 fr. en juillet et août; garage pour autos); — *Belvédère*; — *Bristol* (toute l'année; pens. dep. 7 fr., vin compris); — *Cachat et du Mont-Blanc* (ancienne réputation; clientèle d'élite; ouvert l'été; pet. déj. 1 fr. 50; déj. 3 fr. 50, servi à part 4 fr.; din. 5 fr. et 5 fr. 50, vin non compris; ch. 3 à 8 fr.; pens. dep. 10 fr.; appart. avec bains; grand garage avec fosse; tennis et croquet); — *Central* (pens. dep. 7 fr.); — *des Chalets de la Côte* (15 mai au 15 oct.; pet. déj. 1 fr. 50; déj. 2 fr. 50, servi à part 3 fr.; din. 3 fr. 50 et 4 fr., vin non compris; ch. de 2 à 5 fr.; pens. de 8 à 15 fr.; salle de bains; ch. noire: grand parc); — *de Chamonix* (toute l'année; pet. déj. 1 fr.; déj. 2 fr., servi à part 2 fr. 50; din. 2 fr. 50 et 3 fr., vin non compris; ch. 1 fr. 50 à 5 fr.; pens. de 6 à 8 fr., tout compris; ch. noire; auto-garages; jardin); — *du Chemin de fer*; — *Couttet et du Parc* (toute l'année; pet. déj. 1 fr. 50; déj. 3 fr. 50, servi à part 4 fr.; din. 4 fr. 50 et 5 fr. 50, vin non compris; ch. 3 fr. 50 à 7 fr.; pens. dep. 9 fr.; grand jardin; bains; ch. noire; auto-garage); — *de la Croix-Blanche et Simond* (toute l'année; pet. déj. 1 fr. 25; déj. 2 fr. 50, servi à part 3 fr.; din. 3 fr. 50 et 4 fr., vin non compris; ch. de 2 à 4 fr. le lit à une personne; pens. 7 à 10 fr.; chauffage central; bains; ch. noire; garage pour autos); — *des Étrangers et restaurant du Helder* (toute l'année; pet. déj. 1 fr.; pas de table d'hôte; déj. 2 fr. et 3 fr., din. 2 fr. 50 et 3 fr. 50, vin compris; ch. 1 fr. 50 à 4 fr.; pens. dep. 7 fr.); — *de l'Europe et pension Couttet* (15 mai au 15 oct.; pet. déj. 1 fr. 25; déj. 2 fr. 50, din. 3 fr. sans vin, 3 fr. 50 avec vin; ch. dep. 2 fr.; pens. dep. 6 fr.; bains; garage pour autos; restaurant); — *de France, de l'Union et Terminus* (1er mai

au 15 oct.; pet. déj. 1 fr. 25; déj. 2 fr. 50, servi à part 3 fr., din. 3 fr. 50 et 4 fr., vin non compris; ch. à 1 lit 2 fr. 50 à 5 fr., à 2 lits 5 fr. à 8 fr.; pens. de 6 à 10 fr. par j., sans vin, pour au moins 5 j.; réduction de 5 0/0 sur les prix des repas et chambres en mai, juin et septembre, bains; ch. noire; garage pour autos; téléphone); — *Impérial et Métropole* * (15 mai au 15 oct.; pet. déj. 1 fr. 50; déj. 3 fr. 50, 4 fr. par petites tables; din. 5 et 6 fr., vin non compris; ch. de 3 à 7 fr.; pens. 8 à 14 fr.; bains attenant aux appartements; ch. noire; grand garage avec installations modernes; grand jardin; ascenseur); — *International* (pens. dep. 6 fr.); — *de la Mer-de-Glace* *; — *de la Paix* (toute l'année; pet. déj. 1 fr.; déj. 2 fr. 50, din. 3 fr., vin non compris; pens. 6 fr. en mai et juin, 7 fr. en août, pour plus de 5 jours): — *de Paris*; — *de la Poste* * (1er mai au 30 oct.; ch. T. C. F.; pet. déj. 1 fr. 50; déj. 2 fr. 50, servi à part 3 fr.; din. 3 fr. 50 et 4 fr.; vin non compris; ch. 2 fr. 50 à 5 fr. par lit; pens. 7 à 10 fr.; ascenseur; bains et douches; ch. noire); — *Royal et de Saussure* * et annexe *Palais-de-Cristal*; — *Savoy-Hôtel* * (1er mai au 15 oct.; pet. déj. 1 fr. 50; déj. 3 fr. 50, servi à part 4 fr.; din. 5 et 6 fr., vin non compris; ch. dep. 3 fr. 50; pens. dep. 10 fr.; bains à chaque étage; ch. noire; garage); — *Suisse*; — *de la Terrasse* (15 avril au 15 oct.; pet. déj. 1 fr.; déj. 2 fr. 50, din. 3 fr., à petites tables, vin non compris; ch. 2 fr. 50 à 4 fr.; crèmerie-restaurant au bord de l'Arve; auto-garage; téléphone); — *Terminus* (V. plus haut, hôt. *de France*); — *Univers et Genève* (15 mai au 15 oct.; pet. déj. 1 fr. 25; déj. 3 fr., servi à part 3 fr. 50; din. 3 fr. 50 et 4 fr., vin non compris; ch. 2 fr. 50 à 6 fr.; garage avec fosse; bains; ch. noire); — *Victoria et Moderne* * (mai à octobre; pet. déj. 1 fr. 50; déj. 3 fr., din. 4 fr., vin non compris, servis à part; ch. 2 à 15 fr.; pens. dep. 7 fr.; 100 ch. et salons; ascenseur; appartements avec bains; fumoir; hall; bains et douches).

EN AMONT DE CHAMONIX. — **Montenvers** : — *Hôtel du Montenvers* ou *hôtel-pension Montanvert* (été; très bon séjour de haute altit.; déj. 4 fr., din. 5 fr., sans vin; pens. dep. 9 fr.) — **Les Bois** : — *Hôtel de la Prairie*. — **Les Pratz** : — *Splendid-Hôtel* (1er mai au 15 oct.; ch. T. C. F.; omn. 1 fr.; pet. déj. 1 fr. 25; déj. 2 fr. 50, servi à part 3 fr.; din. 3 fr., vin non compris; ch. 2 à 6 fr.; pens. 5 à 8 fr., selon l'étage; bains à l'hôtel, 1 fr.; ch. noire; garage pour autos; guide); — *National* (1er mai à fin sept.; omn. 1 fr.; pet. déj. 1 fr.; déj. 2 fr. 50, din. 3 fr., vin compris; ch. 1 fr. 50 à 2 fr. 50; pens. 5 à 7 fr., vin compris; bains; garage pour autos; téléphone); — hôt.-pens. *du Chalet des Pratz*; — pension *Couttet* (*à la Mer de Glace*). — **Les Tines** : — hôt.-pens. *de la Forêt* (toute l'année; pet. déj. 1 fr. 25; déj. 2 fr. 50, servi à part 3 fr.; din. 3 fr. et 3 fr. 50, vin compris; ch. 1 fr. 50 à 4 fr.; pens. 6 à 10 fr.); — aub. *du Touriste*. — **Le Lavancher** : — hôt.-pens. *Beau-Séjour* (1er mai à fin sept.; voit. de ou pour Chamonix, 6 fr.; pet. déj. 1 fr. 50; déj. 2 fr. 50, din. 3 fr., vin n. c.; ch. 1 fr. 50 à 2 fr.; pens. dep. 4 fr.); — *du Grassonnet*.

Argentières. — Hôtels : — *Bellevue* (toute l'année; pet. déj. 1 fr. 25 à 1 fr. 50; déj. 2 fr. 50 à 3 fr., servi à part 3 fr. 50; din. 3 fr. 50 à 4 fr., vin non compris; ch. 2 à 8 fr.; pens. 5 à 7 fr. par j. pour 5 j. au moins; ch. noire; garage pour autos); — *Couronne*; — *de la Gare*; — *du Glacier et Terminus* (1er mai au 1er oct.; pet. déj. 1 fr. 25 et 1 fr. 50; déj. 2 fr. 50, servi à part 3 fr.; din. 3 fr. et 3 fr. 50; ch. 1 fr. 25 à 4 fr.; pens. 5 à 8 fr.; bains; ch. noire; garage pour autos; téléphone); — *du Mont-Blanc*. — Appartements meublés à louer. — **Le Planet-sur-Argentières** : — *Grand-Hôtel du Planet'* (ch. T. C. F.; confort moderne; belle situation; ouvert toute l'année; pet. déj. 1 fr. 50; déj. 3 fr., din. 4 fr., vin non compris; ch. 2 fr. 50 à 5 fr. par lit; pens. dep. 7 fr.). — **Lognan** : — grand hôtel en construction. — **Tréléchant-sur-Argentières** : — hôt.-pens. *du Col-des-Montets* (1er juin à fin sept.; pet. déj. 1 fr. 50; déj. 3 fr., din. 3 fr. 50, vin non compris; ch. dep. 2 fr.; pens. 5 à 7 fr.; bains; téléphone). — **Vallorcine** : — hôt.-pens. *du Buet* (toute l'année; pet. déj. 1 fr.; déj. 2 fr., din. 2 fr. 50; ch. 1 fr. 50 à 3 fr.; pens. 4 fr. sans vin; ch. noire; garage pour autos); — hôt.-pens. *Bellevue* (toute l'année; pet. déj. 1 fr.; déj. 2 fr., din. 2 fr. 50; ch. 1 fr. à 2 fr. 50; pens. 4 à 6 fr.; garage pour autos).

EN AVAL D. CHAMONIX. — **Lac des Gaillands et les Bossons** : — *Pension des Lacs* (pens. dep. 5 fr.), au bord du lac des Gaillands; — hôt.-pens. *Au Miroir du Mont-Blanc* (pens. dep. 5 fr.; toute l'année); — *Pension de Famille Alex-Simond* (pens. dep. 5 fr.); — *hôtel-pens. de la Gare et du Glacier des Bossons* (pens. dep. 4 fr.). — **Les Houches** : — Hôt-rest. : — *de la Gare*, — *du Glacier*; — *des Montées* (pens. 6 fr.). — **Servoz** : — Hôt. : — *de la Diosaz* (pens. dep. 5 fr.); — *des Cascades*; — *d'Europe* (pens. 4 à 6 fr.); — *de la Fougère* (pens. dep. 5 fr.). — **Le Châtelard** : — hôtel *du Châtelard*. — **Chedde** : — hôtel *National* (pension).

Appartements meublés : — s'adr. à la *Revue du Mont-Blanc*.

Auto-garages : — aux hôtels; — *Bary* (ch. et pens. pour chauffeurs), près du lac des Gaillands.

Pâtisseries : — *des Alpes*; — *Perrin*.

Casino municipal : — au bois du Bouchet.

Casino-Kursaal : — rue Nationale (ouvert l'été ; concert, variétés, petits chevaux, café).

Syndicat d'Initiative : — à la mairie.

Poste et télégraphe : — rue Nationale (bureau ouvert de 7 h. mat. à 9 h. s. du 10 juin au 30 sept., fermé à midi les j. fériés).

Relief du Mont-Blanc : — rue Nationale (1 fr. avec explication, conférences t. l. j., l'été, à 4 h. et 8 h. 30 s.).

Bains : — dans les hôtels.

Photographes : — *Georges Tairraz* (superbe collection ; cartes postales), avenue de la Gare ; — *Couttet*.

Banquiers : — *Banque du Commerce* (Adolphe Simond ; change de monnaies), près de l'hôtel de la Poste ; — *Payot*.

Chaussures de montagne : — *J.-P. Payot*, près de l'hôtel de la Poste ; — *Vve Payot* ; — *Bellin et Ducrey*, rue Nationale.

Journal : — *Revue du Mont-Blanc* (20 c. le numéro), paraissant tous les mardis dans la saison.

Guides, porteurs et mulets : — au bureau du Syndicat.

Breaks ou cars alpins : — service Philippe Désailloud et Cie, correspondance du P.-L.-M. : t. l. j. du 15 juin au 15 sept. *de Chamonix à Martigny, par la Tête-Noire* (dép. à 8 h. 30 mat., arrivée à 5 h. s. ; 15 fr. par place de Chamonix à Martigny ; 5 fr. de suppl. pour *Vernayaz* ; 4 fr. pour *Argentières* ; 8 fr. pour *le Châtelard-frontière*) ; — service Tairraz frères (les Chamoniardes) *de Chamonix à Martigny et à Vernayaz* (mêmes prix).

Voitures particulières : — entreprises Forestier, Désailloud, Tairraz, nombreux loueurs ; la plupart des hôtels fournissent aussi des voit. — Prix à débattre (selon la saison et l'affluence) ; voici un aperçu des tarifs moyens d'été : — pour *Martigny, par la Tête-Noire* : 2 chev., 1 pers., all. 45 fr., all. et ret. 70 fr. ; 2 chev., 2 pers., 45 fr. et 75 fr. ; 2 chev., 3 pers., 55 fr. et 90 fr. ; 2 chev., 4 pers., 65 fr. et 110 fr. ; 15 fr. de suppl., si l'on couche en route ; — pour *Vernayaz, par Fins-Hauts et Salvan* : 2 chev., 1 pers., all. 50 fr., all. et ret. 75 fr. ; 2 chev., 2 pers., 50 fr. et 80 fr. ; 2 chev., 3 pers., 60 fr. et 95 fr. ; 2 chev., 4 pers., 70 fr. et 115 fr. ; 15 fr. de suppl., si l'on couche en route.

Viaduc Sainte-Marie. — Cliché Tairraz, à Chamonix.

DU FAYET-SAINT-GERVAIS A CHAMONIX

20 k. — Ch. de fer électrique P.-L.-M. (se placer de préférence à dr.; 4 fr. 35 en 1re cl., 1 fr. 90 en 2e cl.; all. et ret. 6 fr. 55 et 3 fr. 10; pas de 3e cl.). — Consulter le plus récent *Indicateur*, le service sur cette ligne étant interrompu l'hiver.

Cyclisme et automobilisme. — Route très bonne et accessible aux automobiles et aux bicyclettes.

Le chemin de fer électrique du Fayet à Chamonix réunit tous les perfectionnements apportés jusqu'à ce jour à la locomotion électrique. Les wagons de voyageurs, assez semblables à ceux du Métropolitain de Paris, sont aménagés avec tout le confort moderne. Chaque wagon, en plus des freins ordinaires, est muni d'un frein électrique à mâchoires qui, au moyen d'un rail central établi au milieu de la voie, permet aux trains de s'arrêter instantanément dans les fortes pentes.

La voie franchit le Bon-Nant, puis l'Arve.

3 k. *Chedde* (hôt. aux *Rens. pratiques*), stat. à 599 m., près de la grande *usine Corbin et Cie*, fabricants de produits chimiques par l'électrolyse (carbure de calcium, chlorates, alcalins, etc.). Cette belle usine, dont la construction a coûté plus de 4 millions de fr., possède une chute d'eau de 130 m. lui produisant une force de 12,000 chevaux. — La vallée, très riante, avec prairies et bouquets d'arbres, se rétrécit. — Aux *Egrals*, la voie franchit l'Arve sur un beau *pont métallique* (45 m. d'ouverture), situé dans une rampe de 90 millim., et, après avoir traversé un petit souterrain (80 m.), elle s'engage dans le vallon du Châtelard, où se trouve à g., au kil. 5, *l'usine n° 1 de la Cie P.-L.-M.*, destinée à produire le courant électrique nécessaire à la traction des trains (4,000 chevaux de force, par une chute de 40 m. de haut.; une même prise d'eau dans l'Arve alimente l'usine de la Cie P.-L.-M. et l'usine Corbin et Cie, de Chedde). — Tranchée, puis on voit à dr. *l'hôtel du Châtelard*, avant de pénétrer dans le *tunnel du Châtelard* (126 m.), percé à côté de celui (70 m.) qu'utilise la route de terre. Celle-ci est à dr.; l'Arve coule à g. dans la vallée élargie. De ce côté se montre Servoz, au delà de la rivière.

7 k. *Servoz* (813 m.), stat. qui dessert (20 min. à pied) le v. de ce nom et les célèbres **gorges de la Diosaz** (*V.* p. 23). — Echappées de toute beauté sur l'Aiguille du Goûter. — Après avoir gravi, sur 1,500 m. env., une rampe de 80 millim., on voit à g., un peu avant le kil. 9, *l'usine électrique n° 2 de la Cie P.-L.-M.* (10,800 chevaux de force, par une chute d'eau de 95 m.). — La voie passe au-dessus de la route de terre (à g., l'Arve),

traverse au kil. 10 le *tunnel de la Cascade* (82 m. 50) et franchit l'Arve sur le magnifique **viaduc de Sainte-Marie**, la maîtresse œuvre d'art de la ligne, d'où l'on a une **vue splendide** sur les gorges de l'Arve et sur l'Aiguille du Goûter; ce viaduc, haut de plus de 50 m., est composé de 7 arches de 15 m. et d'une arche centrale de 25 m. d'ouverture. — A dr., en contre-bas, le pont de la route de terre.

On pénètre dans la **vallée de Chamonix**, qui s'étend du col de Voza au col de Balme et qui comprend les 3 communes des Houches, de Chamonix et de Vallorcine.

12 k. Les Houches (980-1,009 m.; stat. à 995 m.; hôtels aux *Rens. pratiques*), 2,069 hab., dont 76 seulement au ch.-lieu, séjour d'été et centre d'excurs., est relié par un bon chemin au (1 h. 30) Pavillon de Bellevue (*V.* p. 24) et par un autre chemin au (2 h.) **col de Voza** (1,675 m.). — **A dr., le spectacle est dès lors admirable** : les regards sont rivés au **Mont-Blanc**, dont l'étincelante calotte neigeuse domine le paysage, et à son cortège de glaciers, notamment les glaciers de Taconnaz et des Bossons, qui descendent presque à même la vallée. A dr., l'Arve, que côtoie la ligne pour franchir derechef la rivière, ainsi reportée à g., sur un pont d'une seule arche de 25 m. d'ouverture. — A côté des ponts de la route de terre (qui se trouve à dr., au niveau de la ligne), la voie franchit successivement les torrents de Taconnaz et des Bossons.

16 k. Les Bossons (1,012 m.; hôt. aux *Rens. pratiques*), séjour d'été et point de dép. de la promenade au **glacier des Bossons** (*V.* p. 18). — Les travaux de la voie ferrée ont amené la formation du **lac des Gaillands** par des eaux dérivées de l'Arve, que l'on franchit sur le *pont de Perralottaz* (à dr., pont de la route de terre). — Bientôt, à g., se montrent les maisons, les hôtels, les jardins de Chamonix, dominé de ce côté par le Brévent. — On franchit une dernière fois l'Arve avant de pénétrer dans la gare de Chamonix.

20 k. Chamonix (gare à 1,039 m.).

CHAMONIX

Situation. — Aspect général.

Chamonix (hôtels, etc., aux *Rens. pratiques*), ch.-l. de c. de 2,729 hab. (677 agglomérés) et de la *vallée de Chamonix*, qui produit d'excellent miel, est situé à 1,041 m. d'alt. sur les deux rives de l'Arve, dont la rive dr. est dominée par le **Brévent** (2,525 m.), tandis qu'au-dessus de la rive g. du torrent se dresse, grandiose et superbe dans son immaculée blancheur, le géant des Alpes, le **Mont-Blanc** (4,810 m.).

Centre alpin de premier ordre, siège d'une section du Club alpin français et du Club des Sports alpins, **station d'été** et

Chamonix. — Cliché Neurdein.

station d'hiver, Chamonix est à la fois le Zermatt et le Grindelwald des Alpes françaises. Depuis l'ouverture (1901) du chemin de fer électrique qui met Chamonix par voie ferrée, et avec des voitures directes jusqu'au Fayet-Saint-Gervais, à 14 h. de Paris et à 3 h. de Genève, la cohue y est telle que, dans la pleine saison, des premiers jours de juillet à la mi-septembre, il est prudent, avant de partir pour Chamonix, de s'assurer une chambre par lettre ou par télégramme; Chamonix est alors une Cosmopolis, une Babel où se coudoient tous les peuples et où se parlent toutes les langues. Chamonix ne reçoit pas moins de 100,000 visiteurs par an.

De décembre à fin mars, Chamonix a une clientèle d'Anglais et d'Américains qui s'y livrent aux sports d'hiver : patinage, glissades, tobogan, courses en raquette et en skis sur la neige.

Si pressé que soit un touriste, il ne peut consacrer moins de deux jours à Chamonix; la première journée sera remplie par la rapide visite de la bourgade et la course à pied ou à mulet de la Mer de Glace, aller par le Montenvers, retour par le Chapeau; la seconde sera consacrée à l'ascension à pied ou à mulet du Brévent (partir le mat., déj. au pavillon du sommet et rentrer à Chamonix pour le dîner). Ce sont des courses ou plutôt des promenades que tout le monde peut faire, même les dames et les enfants, aussi bien que celles de la Flégère, de Planpraz, du Plan de l'Aiguille, relié au Montenvers par un bon sentier muletier, de Pierre-Pointue et du col de Balme, tous points de vue splendides et accessibles à mulet, et où l'on trouve des hôtelleries approvisionnées pendant la saison.

Tout le monde peut ainsi faire la promenade du glacier des Bossons (train spécial l'après-midi, l'été), traverser ce glacier et revenir à Chamonix par la cascade du Dard. Très intéressante et pouvant se faire agréablement, même par une journée grise, est la visite des gorges de la Diosaz par la gare de Servoz. Enfin la belle et facile course de la station des Houches au Pavillon de Bellevue, où se trouve un bon hôtel, est des plus recommandables.

Description.

De la gare (omnibus de ville faisant le service des hôtels; tarif aux *Rens. pratiques*), en face de laquelle se trouve l'*église anglicane*, on prend devant soi l'*avenue de la Gare*, dont se détache à dr. le chemin du Bouchet, à l'angle duquel se trouve le *monument*, avec buste en bronze de Denys Puech, élevé par le Club alpin français, en 1902, à son ancien président *Charles Durier* (1830-1899), l'historien du Mont-Blanc. Le nouveau tracé de l'avenue de la Gare laisse à g., immédiatement au delà de la photographie Tairraz, l'ancien tracé, qui aboutit à un élargissement à g., précédant le pont sur l'Arve : sur cette place se

Mollard
Gendarmerie
Écoles
Église
CASINO
Hôtel Couttet
Patinage
Ch. Durier
Musée de Peinture
GARE
Chalet Vallot
CASINO MUNICIPAL
ARVE
BOIS DU BOUCHET
vers le Montenvers
CHAMONIX
Principaux Hôtels
1 Hôtel des Allobroges
2   "   des Alpes
3   "   d'Angleterre et de Londres
4   "   Beau-Rivage et des Aroles
5   "   Beau-Site et Continental
6   "   Bellevue
7 Hôtel Belvédère
8   "   Bristol
9   "   Balmat
10 "   Central
11 "   des Chalets de la Côte
12 "   de la Croix-Blanche
13 Hôtel Couttet et du Parc
14 "   du Chemin de fer
15 "   de Chamonix
16 "   des Étrangers
17 "   de l'Europe
18 Hôtel de France et de l'Union
19 "   Impérial et Métropole
20 "   International
21 "   de la Mer de Glace
22 "   du Mont-Blanc
23 Hôtel de la Paix
24 "   de Paris
25 "   de la Poste
26 "   Royal et de Saussure
27 "   Savoy-Hôtel
28 Hôtel Suisse
29 "   Terminus
30 "   de la Terrasse
31 "   de l'Union et de Genève
32 "   Victoria et Moderne
L. Hermann, del.

rouve le *monument*, par Salmson, à *H.-B. de Saussure et J. Balmat*,
e savant et le guide, qui vainquirent le Mont-Blanc en 1787.

L'Arve franchie, on arrive à la maîtresse artère de Chamonix,
lite *rue Nationale*, et qui n'est autre que la route de Sallanches
Argentières et à la frontière suisse dans la traversée de la
ourgade : sur la section d'aval ou de g., on remarque le *Casino-*

Chamonix : rue de l'Église. — Cliché Neurdein.

Kursaal (spectacle varié t. l. s. l'été; petits chevaux) et, à
l'extrémité de Chamonix de ce côté, le *relief du Mont-Blanc*
(*V.* aux *Rens. pratiques*), long de 5 m., large de 2 m. 80, et
qui donne une excellente idée de la topographie de la chaîne;
sur la section d'amont ou de dr., les bureaux des grands breaks
pour Martigny par la Tête-Noire et pour Vernayaz par Fins-
Hauts et Salvan, la *poste-télégraphe*, et, terminant l'agglomé-
ration dans cette direction, le beau chalet de M. Joseph Vallot,
directeur de l'Observatoire météorologique du Mont-Blanc.

Le carrefour où se rencontrent ces deux sections de la rue
principale de Chamonix, à l'issue du pont, la « Place », est
l'endroit vivant de Chamonix par excellence, le forum de la
localité; là, devant le bureau du guide-chef, se réunissent tous
les matins guides, muletiers avec leurs mulets, touristes, ceux-ci

attendant que ceux-là soient désignés pour les accompagner dans leurs excursions. L'artère, dite *rue de l'Église*, se prolonge au N. jusqu'à *l'église*, qu'entoure un *cimetière* où sont enterrées nombre de victimes du Mont-Blanc, et que précède le *monument Balmat*, bloc de granit avec médaillon de Jacques Balmat, dit Mont-Blanc, qui le premier gravit le Mont-Blanc et y conduisit le Dr Paccard (8 août 1786), puis y retourna l'année suivante avec de Saussure : ce monument a été élevé par la Société géologique de France, avec le concours du Club alpin français.

À g. de l'église (poteau-indic.) s'ouvre le chemin muletier de Planpraz, du col du Brévent et de (33 k.) Sixt par le col d'Anterne.

Près de la gare, on visitera avec intérêt *l'exposition de peintures alpestres de Gabriel Loppé* (fermée de midi à 1 h. 30; pourboire à la gardienne, qui explique).

Chamonix possède une promenade horizontale charmante, que la municipalité a transformée en un parc public, dans lequel s'élève le **Casino municipal**; c'est le **parc du Bouchet**, aux admirables mousses, sillonné par l'Arveyron, descendu du glacier des Bois, et auquel conduit le chemin qui se détache à dr. de l'avenue de la Gare (*V*. ci-dessus).

PROMENADES AUTOUR DE CHAMONIX

Pour les guides et mulets, s'adr. au bureau du Syndicat, autant que possible la veille au soir.

1° Montenvers, Mer de Glace et Chapeau.

5 h. 30 à 6 h. all. et ret. — Chemins muletiers de Chamonix au Montenvers et du Chapeau à Chamonix; mulet 9 fr., guide 9 fr., plus 3 fr. au g min qui conduit le mulet du Montenvers à 10 min. au-dessous du Chapeau, pendant que le touriste traverse à pied la Mer de Glace; guide 6 fr., mulet 6 fr. pour le Montenvers seul. — *Excursion classique*, qu'il est préférable de faire le matin de bonne heure, la montée de Chamonix au Montenvers étant assez pénible par la chaleur. — Aux touristes qui ne craignent pas un peu de fatigue, nous recommandons le circuit suivant, qui demande une journée : monter le mat. de bonne heure au Plan de l'Aiguille, dont le chemin est à l'ombre une grande partie de la matinée, aller du Plan de l'Aiguille au Montenvers par le magnifique sentier muletier du Club Alpin français, traverser la Mer de Glace et revenir à Chamonix par le Chapeau (on pourra déj. au Montenvers ou au Chapeau).

De la gare de Chamonix on passe devant l'hôtel Univers et Genève, puis le chemin du Montenvers traverse à niveau le ch. de fer d'Argentières en face de *l'hôt.-pens. du Chemin de fer*, puis passe dans un groupe de maisons (au delà, raccourci qui aboutit au pavillon supérieur des Planaz). — 40 min. *Pavillons inférieur et supérieur des Planaz* (rafraîchissements), immédiatement au-dessus l'un de l'autre. — 1 h. 15 *Fontaine Caillet* (1,487 m.), pavillon (rafraîchissements) à mi-chemin du Monten-

Le Montenvers. — Cliché Neurdein.

vers. — 1 h. 25. On laisse à g. le sentier muletier des Bois, par lequel les mulets vont au Chapeau. A g., le Brévent; au loin, du même côté, la calotte arrondie de la Tour Sallière.

2 h. 30. **Hôtel-pension Montanvert** (*V.* aux *Rens. pratiques*), à 1,921 m. Sur la terrasse devant l'hôtel, *table d'orientation* en lave de Volvic émaillée, érigée par le Club Alpin français (altit. d'après les travaux et relevés de MM. Joseph et Henri Vallot).

[A dr. s'élève le nouveau chemin muletier du (2 h. 30; 2 h. en sens inverse) Plan de l'Aiguille (*V.* 7°), qui offre de **magnifiques vues**; ce chemin peu fatigant (pente régulière de 15 à 18 p. 100), tracé par M. H. Vallot, longe la base des Aiguilles de Chamonix et du glacier du Nantillon à travers des gazons et des plants de roses des Alpes.

On descend à dr., en passant à côté de la *Pierre des Anglais*, qui porte cette inscription : *Pocock et Windham, 1741*, en souvenir des premiers explorateurs notoires de la vallée de Chamonix. — 2 h. 40. Pavillon (coup de canon, écho, 1 fr.; chaussons pour traverser la Mer de Glace, 1 fr., très utiles), à g. duquel est le signal placé par les soins de M. Joseph Vallot pour constater l'état du glacier (il avance, la partie centrale plus que les bords). Du pavillon, on a en face l'Aiguille du Dru à dr., au-dessus de la Jonction, le Tacul et les Périades, et, en arrière, l'Aiguille du Moine, le col des Hirondelles, les Grandes-Jorasses, l'Aiguille de Rochefort, le Mont Mallet et l'extrémité de l'Aiguille du Géant, cachée par les Charmoz. Le pavillon surplombe immédiatement la **Mer de Glace** (6 k. de long, sur une larg. moyenne de 700 m. env.), que l'on traverse. — 3 h. On sort du glacier au milieu d'un fouillis de crevasses et de blocs de rocher et l'on remonte sur la moraine latérale droite. On franchit deux torrents (belles cascades) et l'on aborde (3 h. 30) la traversée (facile, mais vertigineuse; main-courante en fer) des roches polies qu'on appelle le **Mauvais Pas** (où les personnes craintives seront bien aise d'avoir un guide).

3 h. 55 **Le Chapeau** (déj. à la fourchette, 3 fr. 50 sans vin; rafr.; bazar), chalet adossé au rocher, à 1,601 m., dans un site original. — Dix min. plus bas, on retrouve les mulets. Le retour des piétons s'effectuera plutôt par le chemin du Lavancher, que l'on suit jusqu'à (4 h. 15) la 1re bifurcation; ici on prendra le sentier de g. pour descendre par un signal de triangulation au pavillon des sources de l'Arveyron, et, par la rive gauche de l'Arveyron et de l'Arve, jusqu'à (5 h. 20) Chamonix. Les mulets en général gagnent (4 h. 35) la route d'Argentières par le Lavancher et la suivent jusqu'à (5 h. 40) Chamonix.

2° La Flégère.

5 h. all. et ret.; bon chemin de mulets; guide, 7 fr.; mulet, 7 fr.

On prend, au delà du chalet Vallot, le chemin de l'hôtel Belvédère, qui aboutit au sentier très ombragé de la Flégère, ou

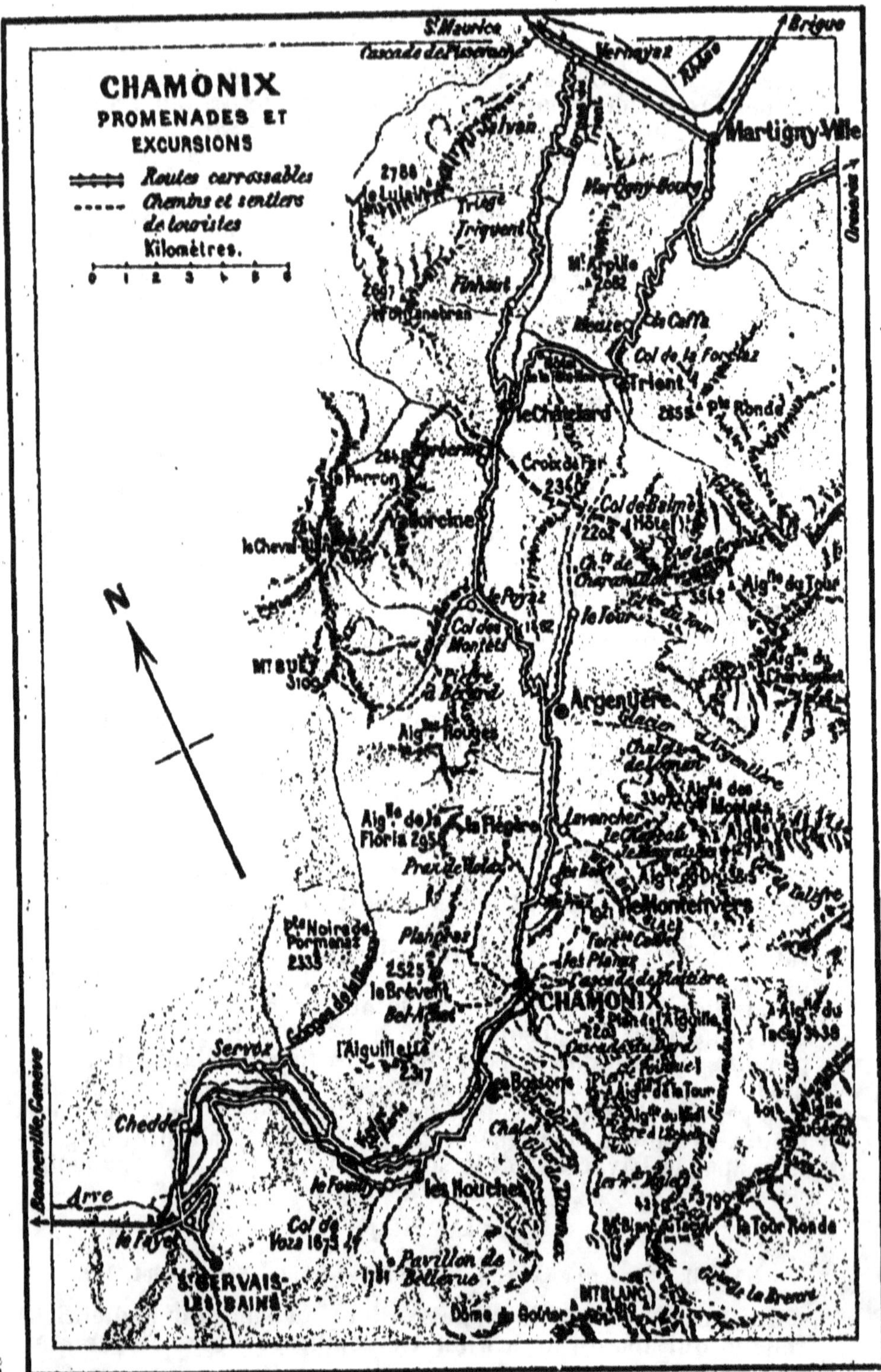

CHAMONIX
PROMENADES ET
EXCURSIONS
Routes carrossables
Chemins et sentiers
de touristes
Kilomètres.
0 1 2 3 4 5 6
N
St Maurice
Cascade de Pissevache
Vernayaz
Brigue
Martigny-Ville
Martigny-Bourg
St Ivan
le Luisin
Triège
Trequent
Finhaut
Mt Arpille
la Caffe
Col de la Forclaz
Trient
Pte Ronde
le Châtelard
Croix de Fer
Col de Balme
Hôtel
Aigle du Tour
le Peuty
le Tour
Col des
Montets
Argentière
Aig. Rouges
Mt Buet
la Flégère
Lavancher
le Montenvers
Planches
le Brévent
CHAMONIX
Servoz
l'Aiguillette
les Bossons
Chede
les Houches
Arve
le Fayet
Col de Voza
Pavillon de
Bellevue
St GERVAIS-
LES-BAINS
Dôme du Goûter
Mt Blanc
la Tour Ronde
L. Hermann, del.
Imp. Dufrénoy - Paris.

bien l'on suit la route d'Argentières jusqu'aux (30 min.) Praz,
ham. au delà duquel on prend à g., on franchit l'Arve et l'on
monte en zigzags à g., dans un couloir et des forêts de sapins,
au (1 h. 35) *Praz-des-Violaz* (1,534 m.; pavillon avec rafr.). — Au
delà, on laisse à g. (2 h. 5) un chemin qui conduit à Planpraz
(*V.* 3°).

2 h. 30. **Hôtel-pension de la Flégère** (1,877 m.; ch. 2 fr. 50,
dîn. 4 fr., pens. depuis 6 fr.), sur un petit plateau de pâturages

Traversée de la Mer de Glace. — Cliché Tairraz, à Chamonix.

adossé à l'Aiguille de la Floriaz, et d'où le regard embrasse
toute la chaîne du Mont-Blanc (remarquer surtout la Mer de
Glace et l'Aiguille-Verte) et la vallée de Chamonix.

On peut combiner cette excursion avec celle de la Mer de
Glace (7 h. de Chamonix par le Montenvers, le Chapeau et les
Praz), ou encore (si l'on n'a que très peu de temps) avec celle
du Brévent; à cet effet, revenir sur ses pas jusqu'au sentier de
dr. (20 min.), qui conduit par les *chalets de Charlanoz* (1,816 m.)
et *des Vioz* à (1 h. 45) Planpraz, d'où l'on gravit en 1 h. 20 le
Brévent (*V.* 3°).

3° Le Brévent.

Le belvédère par excellence de la vallée. — *Course indispensable et très facile*, all. et ret. par Bel-Achat ; si l'on va par Planpraz ou si l'on revient de ce côté, la montée de la Cheminée présente quelques difficultés aux novices.

A. Par Bel-Achat.

Montée en 1 h. 15, descente en 2 h. 30 ; partir le matin de bonne heure pour éviter la chaleur et déj. au chalet du sommet ; guide 10 fr. ; mulet, 10 fr. ; excellent chemin muletier.

Le chemin commence à g. de l'église de Chamonix. Après avoir laissé à dr. l'avenue des *chalets de la Côte* (hôt.-pens.), puis en face le chemin de Planpraz (*V. B*), on s'élève à g. — 15 min. Ham. des *Moussoux*. — Montée dans les bois.

1 h. 30. **Plan-Lachat** (1,574 m. ; rafr. ; pain, œufs, café, vin, liqueurs, télescope), chalet à l'issue de la forêt, sur un terreplein (avant d'y arriver, on voit en haut, à dr., la maison blanche du Pavillon de Bel-Achat). — Nombreux lacets.

3 h. **Pavillon de Bel-Achat** (2,154 m. : 2 ch. à 2 lits et lits dans la salle à manger ; déj. 3 fr 50 ; déj. de guide, 1 fr. 50 ; lit, 2 fr. ; télescope, 50 c. par pers.). — A dr., vue du col de Voza et du Pavillon de Bellevue ; en face, vue superbe sur le Mont-Blanc. — Montée douce en zigzags, à travers les gazons, au cours de laquelle on laisse à g. le petit *lac de Bel-Achat* ou *du Brévent*.

4 h. 15. Sommet du **Brévent** (2,525 m. ; chalet-rest. : déj. 4 fr. ; table d'orientation du C. A. F. ; télescope), offrant une des plus grandes vues des environs de Chamonix sur le Mont-Blanc (à l'aide du télescope, on suit parfaitement les ascensions) et sa chaîne, les Aiguilles-Rouges, et quelques cimes des Alpes suisses et des Alpes dauphinoises.

La descente peut s'effectuer : — soit en 2 h. 30 par le même chemin (1 h. du sommet à Bel-Achat ; 45 min. de Bel-Achat à Plan-Lachat ; 45 min. de Plan-Lachat à Chamonix) ; — soit en 2 h. 30 aussi (plus difficile) par la Cheminée et Planpraz (*V. B*).

B. Par Planpraz.

Montée en 4 h. env. ; guide, 10 fr., utile aux débutants pour passer la Cheminée ; mulet jusqu'au-dessus de Planpraz, 8 fr.

Deux chemins mènent à Planpraz. L'ancien, à g. de l'église, laisse à g. celui de Bel-Achat (*V. A*), traverse des prairies, puis monte par la *Grosse-Pierre* à la *Pierre-Fontanelle*, d'où l'on s'élève par le *Caysel* sur un plateau gazonné à (3 h. de Chamonix) l'hôtel de **Planpraz** (2,064 m.). Un chemin plus court (1 h. 45 à 2 h.) monte en zigzag sur des débris de rochers tombés du Brévent. La vue sur la vallée, sur le Mont-Blanc et sur ses glaciers, est presque aussi belle que celle du Brévent. De là, on se dirige à g. vers une chaîne de rochers qui de loin

paraissent colorés en rouge, puis on s'élève en 1 h. au pied
d'un rocher haut d'env. 15 m., formant couloir et appelé la *Che-*

Le Chapeau. — Cliché Neurdein.

minée, qu'il faut escalader (couloir escarpé avec degrés taillés
et main-courante en fer; facile, sauf pour les débutants), à moins

de faire au N. un détour de 30 min. De la Cheminée, on atteint la cime, en 15 ou 20 min., par une pente douce, sans danger et sans fatigue.

4° Glacier des Bossons, retour par la cascade du Dard.

Très agréable et facile promenade d'une après-midi. — Ch. de fer électr. pour la station des Bossons (trains spéciaux l'été); 50 min. à pied de là au pavillon du glacier; 1 h. 35 du pavillon à Chamonix par la cascade du Dard; si l'on veut éviter la fatigue, on descendra tout simplement en 35 min. à la station des Bossons, où l'on reprendra le train pour Chamonix. — Guide, 6 fr.; mulet, 6 fr.

De la station des Bossons (*V.* p. 8) on suit un instant la route à dr., puis on prend à g. un chemin qui s'ouvre à dr. du *restaurant de la grotte du Mont-Blanc*, s'élève entre maisons, puis dans les prairies, franchit le torrent des Bossons et monte en face à la lisière du bois, laissant le torrent s'éloigner à g. Il faut suivre toujours le chemin le plus large, qui monte dans les bois et franchit la passerelle, au delà de laquelle se trouvent à g., en bordure du chemin, de gros blocs rocheux (marques rouges sur les arbres).

15 à 18 min. On quitte le large chemin de Pierre-Pointue pour un sentier bien marqué à g., qui s'élève à travers bois, puis offre à découvert une belle vue à dr. sur la vallée de l'Arve (avant la sortie du bois du bon chemin, immédiatement au delà d'une tonnelle en bois délabrée, peinte en rouge, on peut s'élever à g. par un sentier de piétons assez raide, qui gravit la côte boisée et abrège). A côté d'une maison où on peut avoir du lait, on quitte ce chemin pour monter à dr. par un sentier d'abord entre rampes de bois qui circule dans des prairies, passe devant une maison (à dr.) et pénètre dans le bois. La montée est raide (nombreux raccourcis), mais à l'ombre.

50 min. *Café-restaurant du Glacier* (bazar de souvenirs; billets pour la grotte de glace, 1 fr.), d'où un sentier à dr. descend au *glacier des Bossons* (1,099 m. à l'extrémité inférieure), qui a beaucoup rétrogradé récemment, et à la **grotte du Mont-Blanc** (80 m. de profondeur), creusée artificiellement; une passerelle sur le torrent donne accès à l'ouverture béante que l'on voit très bien de la terrasse, munie d'un parapet, du chalet-restaurant. De cette terrasse, la vue est très belle sur Chamonix, la route d'Argentières et le glacier des Bossons.

Si l'on veut traverser le glacier (guide nécess., 2 fr.; chaussons, 1 fr.), on franchit le torrent sur une échelle formant pont et on monte par des degrés taillés dans la glace. — 30 min. du chalet-restaurant. Extrémité opposée du glacier (buvette), d'où il faut 1 h. 30 à 1 h. 40 pour rentrer à Chamonix par le joli sentier qui franchit trois torrents et longe la forêt, descendant en pente assez douce vers la cascade du Dard (*V.* 6°). On prend à g. un sentier qui traverse un bois de sapins et les deux bras

La Flégère. — Cliché Neurdein

du Nant-Provant ou torrent de la Pierre-Blanche, à quelques
pas duquel monte à dr. le chemin de Pierre-Pointue. On franchit ensuite le Nant des Pèlerins à quelques m. au-dessous de
la cascade du même nom et à 2 ou 3 min. du *chalet du Dard*
(rafraîchissements), derrière lequel tombe la cascade, et qui est

Traversée du glacier des Bossons. — Cliché Tairraz, à Chamonix.

situé à 40 min. de Chamonix par les Tissours, les Barats et les
Praz-Conduits. On peut également revenir à Chamonix en franchissant, à l'extrémité du glacier, le torrent qui en sort et en
gagnant le ham. des *Pèlerins*, où se trouve la maison qu'a fait bâtir
en 1787 le célèbre guide Jacques Balmat (plaque commémora-
tive placée sur ce chalet par le C. A. F.) à l'aide des gratifica-
tions que lui avaient values ses ascensions au Mont-Blanc.

Des Pèlerins, on peut aller rejoindre aux Barats le chemin de
la cascade du Dard (*V.* ci-dessous, 6°).

5° Cascade de Blaitière ou du Folly.

30 min. à la montée.

On monte l'avenue de la Gare, on passe devant l'hôtel du
Chemin-de-Fer et, traversant la voie à niveau, on tourne à dr.

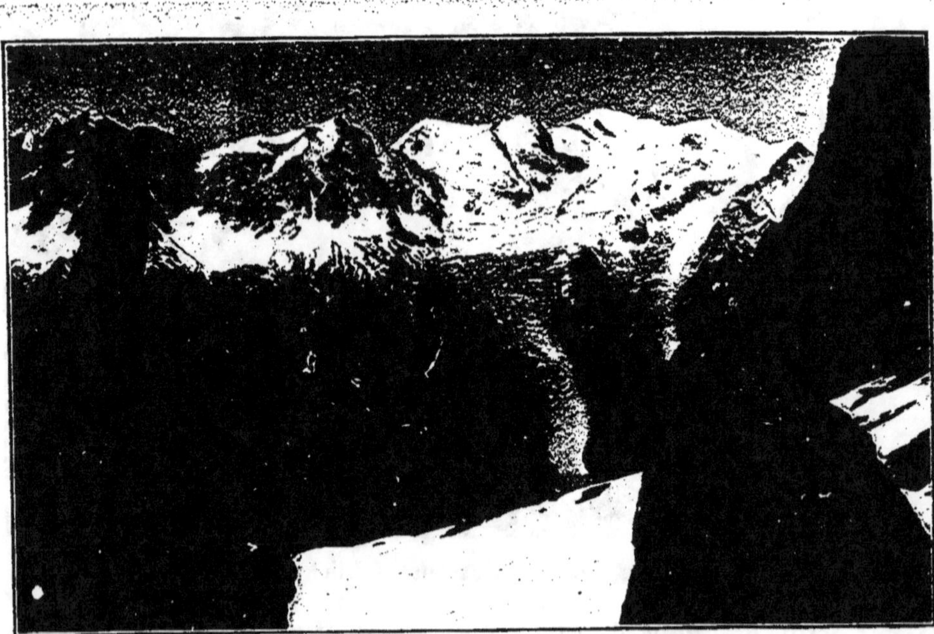

Le Mont-Blanc, vu du Brévent. — Cliché Neurdein.

pour monter en zigzag à cette cascade (50 c. par pers.; pavillon avec rafraîch.), à 200 m. au-dessus de la vallée et en face de Chamonix.

6° Cascades du Dard et des Pèlerins, Pierre-Pointue, Aiguille de la Tour.

6 h. 15 all. et ret. — Chemin de mulets jusqu'à Pierre-Pointue; guide, 8 fr.; mulet, 8 fr., 5 fr. pour la cascade du Dard. — *Très belle excursion, recommandée.*

On suit la rive g. de l'Arve, en laissant à g. le chemin de la cascade de Blaitière (*V.* 5°) et l'on traverse les ham. des *Praz-Conduits* et des *Barats*; puis on entre dans la forêt des *Tissours* avant de commencer à monter. Bientôt on laisse à g. le chemin du Plan de l'Aiguille (*V.* 7°), pour remonter la rive dr. du Nant-Provant. — 45 min. On traverse le Nant. A g., on aperçoit la cascade du Dard et, en quelques min., on atteint la buvette-restaurant (belle vue à g. sur la cascade, à dr. sur le glacier des Bossons). La *cascade du Dard* forme deux chutes, l'une de 13 m., l'autre de 50 m.

On rejoint à g. le chemin de mulets du glacier des Bossons, puis on traverse le Nant des Pèlerins (à g., vue sur la *cascade des Pèlerins*, qui tombe entre des rochers sillonnés par les eaux). Le chemin court horizontalement dans la direction du glacier des Bossons et, à un petit ruisseau (à dr., chemin), monte droit sur sa rive dr., le franchit et s'engage à dr. dans des sapins.

1 h. On rejoint un chemin qui conduirait au ham. des Pèlerins (*V.* ci-dessus, 4°) et l'on gravit à g., en zigzag, une arête boisée entre le Nant de la Ravine-Blanche, à dr., et un joli ravin à g.

1 h. 35. *Pavillon de la Para* (1,460 m.; rafraîchissements). Les sapins deviennent plus clairsemés. Belle vue à dr. sur le glacier des Bossons, la Montagne de la Côte, l'Aiguille du Goûter, en face sur l'Aiguille du Midi.

1 h. 45. *Chalet* (1,605 m.). — Montant en zigzag à travers les mélèzes et les rhododendrons, on atteint (2 h. 10) la limite supérieure des arbres, puis on incline à g. sur des pentes gazonnées, parsemées de pierres.

2 h. 35. **Pierre-Pointue** (2,058 m.; pavillon-restaurant), bloc erratique de granit. C'est là que cesse le chemin de mulets. On découvre à l'O. une belle vue sur le glacier des Bossons et ses aiguilles. On peut visiter (10 min.) le *gouffre* du glacier (belle cascade sortant du glacier; 70 m. de chute).

On laisse à dr. le chemin de la Pierre à l'Echelle et des Grands-Mulets (*V.* 12°) et, montant à g., on atteint en 30 min., au-dessus de la Pierre-Pointue, l'**Aiguille de la Tour** (2,332 m. vue admirable sur le glacier des Bossons, l'Aiguille du Midi;

les Grands-Mulets, le Mont-Blanc, le Dôme et l'Aiguille du Goûter). — On peut revenir à Chamonix, soit en 1 h. 30 par le même chemin, soit en 3 h. 10, par (1 h. 15) le Plan de l'Aiguille (*V*. 7°).

7° Plan de l'Aiguille.

2 h. 40 à 3 h. — Ravissant chemin muletier en pente douce, *à l'ombre le matin*; guide, 9 fr.; mulet, 9 fr.; *très recommandé de continuer par le nouveau chemin muletier jusqu'au (2 h.) Montenvers* (guide, 12 fr.; mulet, 12 fr.).

On sort de Chamonix par la place du monument de Saussure et la route des Bossons, qui passe entre le nouvel hôtel de la Poste à g. et l'ancien hôtel, devenu une annexe du premier, à dr.; puis (poteau-indicateur) on prend le chemin de Pierre-Pointue, que l'on quitte dans une clairière marécageuse pour s'élever à g. dans les bois. — 1 h. 35. Pavillon (rafr.). — On monte d'abord encore en forêt, puis à travers de maigres gazons.

2 h. 40 à 3 h. **Chalet-hôtel du Plan de l'Aiguille** (2,203 m.; 2 ch., 4 lits; ch. pour guides; déj., 3 fr. 50; logement, 3 fr. par lit). — Très belle vue du Mont-Blanc (on suit les ascens. à l'aide du télescope), du glacier des Bossons, des Aiguilles-Rouges et du Buet. — Au-dessus du chalet-hôtel, vue des Alpes bernoises.

[Un sentier mène, à 15 min. au-dessus du chalet, à un joli petit *lac*. — Superbe sentier muletier, avec poteaux-indic., reliant le Plan de l'Aiguille au (2 h.) Montenvers (*V*. 1°; très intéressante excursion).]

8° Servoz et les gorges de la Diosaz.

Facile et intéressante excursion, *recommandée*. — Prendre le train pour la station de Servoz, d'où il faut 20 min. à pied pour gagner le village et l'entrée des gorges; 40 min. de parcours dans les gorges, 1 h. 10 all. et ret.

En sortant de la gare de Servoz (*V*. p. 7), on prend à dr., puis on passe sous la voie ferrée et, continuant en face, on franchit l'Arve. — Arrivé à la *pension de la Fougère*, on prend à dr. dans le v. de Servoz.

Servoz (850 m.; truites renommées) participe de la vogue de Chamonix et est fréquenté comme station d'été (hôt.-pens.; appart. meublés; *V*. les *Rens. pratiques*). Au-dessus de Servoz s'élève la chaîne des Rochers des Fiz, dont une partie s'écroula en 1751. Entre les Aiguilles d'Ayer à l'O. et d'Anterne à l'E., on remarque le vaste éboulement désigné sous le nom de Dérochoir; à l'E. et au S. se dressent la Montagne de Pormenaz, le *Chaillol* et la *Montagne-de-Fer*.

20 min. de la gare. *Hôtel de la Diosaz*, où l'on prend les billets pour les gorges (1 fr. par pers.); puis on franchit le pont

de la Diosaz (belle vue sur le Mont-Blanc) et l'on donne les billets au chalet bâti à l'entrée des **gorges de la Diosaz**, faille étroite et pourtant très verdoyante entre de hautes murailles rocheuses; le torrent s'y précipite par 7 cascades successives de roc en roc. Une galerie solidement établie sur consoles et poutrelles en fer, avec bancs de repos aux endroits les plus intéressants, permet de parcourir agréablement les gorges. — On remarque successivement : à dr., le *monument* à la mémoire de *F.-A. Eschen*, qui périt en 1801 sur le Buet (inscription en style emphatique); — la *cascade des Danses* (banc de repos); — un peu plus haut, aussi à dr., sur un rocher, une *inscription* à la mémoire d'*Achille Cazin*, ingénieur et professeur de l'Université de Paris († 1877), qui fit connaître les gorges de la Diosaz et en dirigea l'aménagement (son tombeau se trouve sur la route de Sallanches). — Au delà d'une nouvelle *cascade*, dite *de Barme-Rousse* (pavillon-buvette), on franchit la Diosaz et la galerie s'élève sur la rive dr. du torrent, dans l'étroite **gorge du Soufflet**, qui présente un aspect féerique au moment où le soleil y pénètre (de 3 h. à 3 h. 30 l'été). — D'une passerelle entre deux cascades, on voit, au-dessus de la cascade de dr., une autre passerelle au-dessus d'un gros bloc de granit, dit le *pont naturel*, et comme suspendu entre les étroites parois de la gorge.

De cette passerelle, où se termine la visite (35 à 40 min.), on voit à dr. deux cascades.

9° Pavillon de Bellevue.

Excursion très intéressante, préférable à celle du col de Voza. — Prendre le train pour la stat. des Houches, d'où l'on monte en 1 h. 30, par un bon sentier, au pavillon. — Guide de Chamonix, 7 fr.; mulet, 7 fr.

De Chamonix aux Houches, V. p. 8. — On passe par le ham. de *Bellevarde* (beau point de vue sur la vallée de Chamonix), les *chalets du Lavouet* et le *Grand Bois*.

1 h. 30 des Houches. **Pavillon de Bellevue** (1,781 m.), excellent chalet-hôtel, sur une crête de pâturages d'où la **vue est superbe** sur les groupes de l'Aiguille de Bionnassay et du Goûter, sur les Aiguilles de Chamonix, l'Aiguille-Verte, l'Aiguille du Chardonnet et l'Aiguille du Tour, à dr. du col de Balme, sur les chaînes du Buet, des Fiz et de la Pointe-Percée; de l'autre côté, sur le village de Saint-Nicolas-de-Véroce, dans la vallée des Contamines.

10° Col de Balme.

4 h. — Guide, 7 fr.; mulet, 7 fr. — On peut se faire conduire en voit. de Chamonix au Tour (10 fr.).

2 h. de Chamonix à Argentières (V. p. 28). — Laissant à g. la

route du col des Montets, on remonte sur des pentes gazonnées la rive g. de l'Arve.

2 h. 30. *Le Tour*, ham. à 1,462 m., au pied du glacier du Tour que domine au S.-E. l'Aiguille du même nom. — A dr., glacier du Tour et chemin du col du Tour. La montée devient plus raide. On s'élève en zigzag et on laisse à dr. les *chalets de Charamillon* (1,819 m.), puis on continue à gravir des pentes gazonnées ou schisteuses, en traversant quelques ruisseaux qui vont rejoindre l'Arve naissante.

4 h. **Col de Balme** (2,202 m.), près de la frontière entre le Valais et la Savoie, et *hôtel Suisse du col de Balme* (pet. déj., 1 fr. 50; lunch, 3 fr.; dîn., 3 fr. 50, sans vin; lit. 3 fr.). Là, si le ciel est pur, on découvre une vue admirable sur la vallée de Chamonix jusqu'au col de Voza, le Mont-Blanc de la base au sommet, le massif grandiose de l'Aiguille-Verte et, plus près de soi, celui du Chardonnet, les chaînes des Aiguilles-Rouges et du Brévent, le Buet, la Tour-Sallière et, dans le fond, les Alpes bernoises.

Pour jouir de la vue complète, monter à la *Croix-de-Fer* (2,340 m.; 15 min.; facile) ou sur la *Rolletta*, sommité à 15 min. au delà de la Croix-de-Fer.

[Bons sentiers descendant du col de Balme, en 1 h. 30 env. à la Tête-Noire ou à Trient (*V.* p. 30).]

11° Le Buet.

9 h. — Le plus beau belvédère de toute la région (vue supérieure à celle du Brévent). — Facile, mais un peu long (on peut coucher au chalet hôtel de la Pierre-à-Bérard). — Guide nécess., 15 fr. pour un jour, 20 fr. pour 2 j.; mulet jusqu'à la Pierre-à-Bérard, 10 fr. — On peut se faire conduire en voit. jusqu'à l'hôt.-pens. du Buet (prix à débattre).

3 h. 20 de Chamonix à l'hôt.-pens. du Buet, *V.* p. 28. — Après avoir gagné le ham. de *la Poyaz* (1,316 m.), on monte à g. le long de l'Eau de Bérard, qui forme bientôt (15 min.) la **cascade de Bérard** (pavillon; belle vue sur l'Aiguille Verte). Un peu plus haut on franchit le torrent pour s'élever entre des rochers, descendus du Mont Oreb, dans une vallée étroite et tortueuse.

5 h. 20. **Pierre-à-Bérard** (1,930 m.), grand rocher près duquel est un petit chalet-auberge (7 à 8 lits; lit, 3 fr.; pet. déj. 2 fr.; dîn. 3 fr. 50, vin non compris), où l'on vient coucher quand on veut être au sommet du Buet pour le lever du soleil, et aussi point de départ pour la visite de la **caverne du Buet** (se munir de lanternes, si l'on veut y aller; pas très intéressant et fatigant).

On continue à remonter le vallon de Bérard, puis (2 h. 15) on oblique à dr. pour passer au-dessous de l'*Aiguille de Salenton* (2,684 m.; 2 h. 30 de la Pierre-à-Bérard) et gravir des éboulis et des névés. On atteint un rocher dont la base présente des sièges naturels et qui a reçu le nom de *Table au Chantre*, en mémoire de Bourrit, chantre de la cathédrale de Genève, qui s'y arrêta pour dîner lors de sa première course au Buet. On continue de monter soit sur les arêtes de rochers calcaires, soit sur des névés. Près du sommet, on trouve le *Château-Pictet*, petit abri construit en dalles d'ardoise par A. Pictet.

9 h. Sommet du **Buet**, haut de 3,109 m. (3,039 m. au signal de l'Etat-major français); il présente l'aspect d'une calotte ovale, dominant en surplomb, du côté de l'E., un grand escarpement de rochers qui se montrent à nu et se terminent à l'E., au N. et au S.-O. par des murs de glace. — *N. B.* Ne pas s'avancer près du bord de la cime en surplomb. — Le panorama est un des plus beaux de la chaîne des Alpes. La vue sur le massif du Mont-Blanc est incomparable. On remarque aussi les montagnes du Dauphiné, de la Tarentaise et de la Savoie, le lac Léman et, par un temps très pur, la ville de Genève, les cimes de l'Oberland bernois, les Alpes Pennines, etc. — On peut descendre, en 2 h., à la Pierre-à-Bérard, et de là, en 1 h. 30, à l'hôt. du Buet, à la Poyaz.

12° Les Grands-Mulets.

7 h. — Course que ne doivent entreprendre que les marcheurs alertes et déjà habitués au glacier (les autres se contenteront d'aller à la Pierre-à-l'Echelle ou seulement à Pierre-Pointue); guide nécess., 20 fr. ; mulet jusqu'à Pierre-Pointue, 8 fr.

2 h. 35 de Chamonix à Pierre-Pointue (*V.* 6°). — Là cesse le chemin praticable aux mulets. On continue à s'élever par un sentier de moins en moins facile d'abord, puis assez agréable, en inclinant au S.-O., et bientôt on domine à dr. le sauvage ravin des *Moraines* et le glacier des Bossons.

3 h. 10. *Pierre-à-l'Echelle*, bloc de granit haut d'env. 15 m. et sous lequel on abritait jadis l'échelle qui servait au passage des crevasses dans les ascensions. On y fait habituellement une petite halte (vue magnifique; écho remarquable). — On tourne à dr. pour gagner le bord du glacier des Bossons, dont l'entrée est presque toujours difficile. En 15 ou 20 min. on arrive au lit de l'avalanche de l'Aiguille du Midi (200 m. env. de largeur), qu'on traverse le plus vite possible. C'est là le seul point dangereux jusqu'aux Grands-Mulets. Le lit d'avalanche franchi, on s'attache à la corde pour marcher sur une vaste plaine de neige légèrement ondulée et couvrant de nombreuses crevasses que l'on fait en sorte de couper à angle droit. On atteint ainsi la région des *séracs*. Ce sont d'énormes blocs de glace qui ont quelquefois 15 m. de côté. On arrive ainsi à la *Jonction* des glaciers des Bossons et de Taconnaz (vers 2,700 m.), région tourmentée, remplie d'arêtes de glace, de crevasses et de brusques ressauts qu'on gravit en taillant des marches. Cette partie de l'ascension, quoique un peu effrayante pour les novices, n'est pas dangereuse, les guides ayant la grande habitude de sou-

tenir le voyageur; elle est curieuse et intéressante à voir et ne dure pas plus de *dix minutes.* » (J. Vallot.)

Les séracs dépassés, on continue à monter, mais la pente devient bientôt plus raide, et il faut escalader un des grands degrés du glacier. On marche ensuite en zigzag, évitant ou franchissant les crevasses et enfonçant quelquefois les ponts qui les recouvrent.

7 h. (quand le glacier est facile). Les **Grands-Mulets** (3,057 m.), rocher isolé, haut d'env. 200 m. Vers l'extrémité S. de ce rocher (3,050 m.) se trouve une *auberge* (11 pièces chauffables sur 2 étages; parois doubles; tarif fixe, très élevé; on y couche généralement quand on fait l'ascension du Mont-Blanc). A côté de l'emplacemet de l'auberge de 1881 s'élèvent deux *pavillons-observatoires* dont l'un a été construit par le C. A. F. et l'autre par M. Janssen. Des Grands-Mulets, la vue s'étend sur toute la vallée de Chamonix, la chaîne des Aiguilles-Rouges, le Brévent, le Buet, le lac Léman et le Jura, qui ferme l'horizon. Vers l'O. on voit les Rochers des Fiz, qui dominent Servoz, l'Aiguille de Varens, les montagnes des Aravis, des Fours, au-dessus de la vallée de Sallanches; et, plus loin, la Pointe d'Arreu et la Pointe-Percée du Reposoir. Au S. et à l'E., on est dominé par le Dôme du Goûter, la cime du Mont-Blanc, le Mont-Maudit, le Mont-Blanc du Tacul et l'Aiguille du Midi.

———

Pour l'ascension du Mont-Blanc et les autres courses et ascensions au départ de Chamonix, *V.* le guide *Savoie.*

DE CHAMONIX A MARTIGNY

Routes de voitures. — Une route unique de Chamonix au Châtelard (frontière suisse), où on a le choix entre deux itinéraires carrossables : celui de la Tête-Noire-Trient-Forclaz-Martigny (suivi par les breaks de la corresp. P.-L.-M., et de la société « Les Chamoniardes » du 15 juin au 15 sept.) et la route plus étroite (bien que celle de la Tête-Noire ne soit déjà pas très large) de Fins-Hauts-Salvan-Vernayaz. — Ch. de fer électr. en construction, continuation de la ligne P.-L.-M. du Fayet-Chamonix jusqu'au Châtelard, concédé à une Cⁱᵉ genevoise du Châtelard à Martigny par Fins-Hauts-Salvan et Vernayaz. La ligne complète sera probablement livrée à la circulation des trains en 1906.

Cyclisme et automobilisme. — Belle et bonne route de Chamonix au Châtelard, praticable aux automobiles et aux bicyclettes (forte rampe de 1 k. aux Tines et autre forte rampe de 3 k. 5 d'Argentières au col des Montets). — *Les deux routes suisses sont interdites aux automobiles;* on en peut donc aller en auto que de Chamonix au Châtelard-frontière.

Pour les prix des breaks ou cars alpins et des voit. particulières, *V.* les *Rens. pratiques,* p. 5; — pour la description détaillée, *V.* le guide *Savoie.*

1. Par le Châtelard et la Tête-Noire.

10 k. 7. — 9 h. à pied, une journée en voit. (déj. au Châtelard).

Sortant de Chamonix par la rue Nationale, on franchit l'Arve au ham. des Pratz (hôt. aux *Rens. pratiques*), puis on laisse à dr. le ham. et le glacier des Bois et à g. le chemin de la Flégère.

1 h. *Les Tines* (hôt. aux *Rens. pratiques*), où la route franchit l'Arve (belle vue), ainsi que la voie ferrée, et remonte un joli défilé boisé. — On laisse à dr. *le Lavancher* (hôt. aux *Rens. pratiques*).

8 k. 6 (2 h.) **Argentières** (hôt. et pens. aux *Rens. pratiques*; appart. meublés), villégiature très fréquentée et centre d'excursions (guides), à 1,254 m., à côté du magnifique **glacier d'Argentières**, qui descend jusqu'au fond de la vallée, et au pied du col des Montets, dans un site tout à fait charmant. Très belle vue sur l'Aiguille du Chardonnet, l'Aiguille-Verte et le Mont-Blanc.

[Excurs. facile et recommandée, par un bon chemin muletier, au (2 h. 30 à 3 h.) **Pavillon-auberge de Lognan** (2,015 m.; guide de Chamonix, 10 fr.; mulet, 10 fr.), d'où l'on a une **vue splendide** sur le glacier d'Argentières et l'Aiguille du Chardonnet.]

Laissant à dr. la route du Tour (pour le col de Balme, *V.* 10°), la route s'élève en lacets (à g., vue du Grand-Hôtel du Planet) sur des pentes couvertes de mélèzes et de rochers, passe au-dessus du ham. de *Tréléchant* et de l'*hôt.-pens. du col des Montets* (*V.* aux *Rens. pratiques*).

11 k. 9 (2 h. 55). **Col des Montets** (1,462 m.; belle vue), plateau dénudé. — 3 h. 20. *Hôt.-pens. du Buet* (pour l'excurs. de la cascade de Bérard et l'ascens. du Buet, *V.* 11°). — 3 h. 30. Pavillon (rafraîch.; à g., chemin de la cascade de Bérard, à 30 min., et du Buet) et pont sur l'Eau-Noire.

3 h. 40. *Vallorcine* (hôt. aux *Rens. pratiques*), dernière com. française. — A dr., forêts. — Passant au pied de l'éminence que couronne l'église de Vallorcine (à g., chemin de la cascade de Barberine), on franchit l'Eau-Noire. Au delà du pont, coin ravissant en forêt. — 4 h. 15. *Barberine* (gendarmerie et école; à 30 min. de montée raide, très belle **cascade** de 100 m. : 1 fr. par pers.). — On franchit l'Eau-Noire sur un pont qui forme limite entre la France (Haute-Savoie) et la Suisse (Valais).

18 k. 4 (4 h. 20). **Grand Hôtel Suisse du Châtelard** (bonne pension; 1er mai à fin sept.; pens. 6 à 8 fr.; déj. 3 fr., à part 3 fr. 50, vin non compris), relais (par les services publics, on y change de voit. pour Martigny ou pour Vernayaz), en face du bureau de poste et de télégraphe et du bureau de la douane suisse (visite en venant de Chamonix), à 1,120 m.

4 h. 30. *Restaurant du fort de la Madeleine* (à dr.), où on laisse à g. la route de Fins-Hauts (*V.* B) et de Vernayaz, pour monter à dr. et traverser le *tunnel de la Roche-Percée* (à la sortie, belle vue sur les gorges de l'Eau-Noire et sur Fins-Hauts).

Argentières. — Cliché Neurdein.

22 k. 4 (5 h. 5). **Hôtel de la Tête-Noire** (1,194 m.), d'où l'on peut visiter les **gorges mystérieuses de la Tête-Noire** (1 fr. d'entrée ; billets à l'hôtel).

La route laisse à dr. (indicateur) le sentier des Jeurs et du col de Balme et, tournant à dr. à travers une forêt de sapins, domine, à une assez grande hauteur, le torrent du Trient qui, à la sortie des Gorges mystérieuses, va se jeter dans l'Eau-Noire. — On laisse à g. le pont de Byrla et le sentier (indicateur) de la Vernaz. En face, glacier du Trient. — La route franchit le Trient sur un pont de bois avant Trient.

25 k. 4 (5 h. 45). **Trient** (hôt. : *Grand-Hôtel Trient*, pens. 6 à 9 fr. ; *des Alpes*, pens. dep. 4 fr. ; *du Glacier*, etc.), v. à 1,295 m., sur une vieille moraine, au pied du col de la Forclaz, à la jonction des chemins de la Tête-Noire, du col de Balme et de la Forclaz.

Au bas de la montée de la Forclaz (très raide, à travers les pâturages ; pas d'ombre), on laisse à dr. le chemin muletier du col de Balme (poteau-indicateur) ; à mi-montée, au haut du premier lacet, on laisse aussi à dr. un autre chemin muletier pour le col de Balme. Un second lacet amène au col de la Forclaz.

27 k. 4 (6 h. 30). **Col de la Forclaz** (1,523 m. ; hôtel-pens. : *Gay-Descombes*, bien tenu, pens. 4 fr. 50 à 5 fr., poste et télégraphe ; *de la Fougère*, pens. 4 à 5 fr.). Du col, vue superbe sur l'Aiguille du Tour et le glacier des Grands.

La route descend en lacets (raccourcis pour piétons) dans de beaux bois d'abord de mélèzes, puis de châtaigniers énormes, auxquels succèdent des vignobles ; elle offre une série de points de vue remarquables sur la vallée du Rhône, les environs de Martigny, le Bietschhorn et le Balmhorn. On passe à *la Meuze*, puis à *la Caffe* (restaurant ; beau point de vue sur la vallée du Rhône), au *Fays*, au *Seigneur*, à *la Fontaine* et aux *Rappes*. — On laisse d'abord à dr. la route d'Orsières et du Grand-Saint-Bernard, puis le chemin muletier de l'hôtel de la Pierre-à-Voir, qui se tient sur la rive dr. de la Dranse de Ferret, que l'on franchit. — *La Croix*. — *Martigny-Bourg*, qu'une longue allée rectiligne, large et bordée d'arbres, relie à Martigny-Ville et à la gare.

40 k. 7 (9 h. env. de Chamonix). **Martigny** (hôt. : *Clerc* ; *du Mont-Blanc* ; *de la Gare* ; *National* ; *du Saint-Bernard*), à 469 m., dans la vallée du Rhône, est dominé par le *tour de la Bâtiaz* (603 m.). Martigny a (10 min. de la ville) une station de la voie ferrée de Lausanne à Brigue (Simplon).

B. **Par Vernayaz et Salvan.**

43 k. 4 ; 38 k. 4 (9 h. à pied) jusqu'à la station de Vernayaz, où l'on prend le train pour Martigny.

4 h. 30 de Chamonix à l'emb. des routes de la Tête-Noire et de Vernayaz (*V. A*). — Laissant à dr. le rest. du fort de la Madeleine et la route de la Tête-Noire, la route de Vernayaz,

étroite, s'élève par une forte rampe. A une bifurcation (pavillon ; rafraîch.) on continue à dr. dans la direction de Fins-Hauts, que l'on aperçoit. On côtoie le versant O. du Bel-Oiseau, à la base S. duquel s'ouvre le col de la Gueulaz. Ce trajet offre de

La Tête-Noire. — Cliché Neurdein.

belles vues sur la vallée et le glacier de Trient, sur la gorge de la Tête-Noire et sur le Mont-Blanc.

23 k. 1 (6 h. 20). **Fins-Hauts** ou *Finhaut*, première comm. suisse, à 1,237 m., station d'été très fréquentée (nombreux hôt.-pens. ; chalets et appart. meublés : au S., vue sur les glaciers du Trient et des Grands et sur l'Aiguille du Tour). Avant d'arriver à l'église, on franchit un torrent descendu du Fontanabran.

6 h. 40. A un détour du chemin (pavillon avec rafraîchissements) on découvre la vallée du Trient jusqu'à son débouché dans la vallée du Rhône. Ce passage offre les aspects les plus pittoresques ; sur le versant opposé se dresse le *Mont Arpille* (2,082 m.). On descend alors en zigzag dans la forêt de *Lachat* à travers des roches moussues, ombragées de sapins.

7 h. 10. *Triquent* (hôt.-pens.), ham. dont les maisons, entourées de prairies et de vergers, s'étagent, à 994 m., sur une riante terrasse.

7 h. 15. On franchit, sur un pont de pierre orné d'une chapelle, à une grande hauteur au-dessus de l'ancien pont, la **gorge** pittoresque **du Trlège** (belles cascades; des ponts en bois permettent de pénétrer dans la gorge; 1 fr. par pers.). C'est un passage très remarquable. On ne regrettera pas de faire un petit détour pour aller voir le *vieux pont du Trlège.*

Au delà d'un petit plateau couvert de rochers et de vergers (vue sur la pyramide blanche du Bietschhorn dans le haut Valais et sur le Grand-Chavalard), on descend entre des rochers arrondis, puis à travers des prairies.

33 k. 4 (7 h. 55). **Salvan** (hôt.-pens.), à 925 m., station d'été appréciée, sur une terrasse verdoyante.

La route, ombragée de noyers et de châtaigniers, décrit de nombreux zigzags (belles vues sur la vallée du Rhône), avant d'atteindre (40 min.) le terre-plein de la vallée du Rhône.

38 k. 4 (8 h. 50). *Vernayaz* (hôtels), station du ch. de fer, à 45 min. de la **gorge du Trient**, à 30 min. de la **cascade de Pissevache**, et à 7 k. par le ch. de fer (5 k. par la route) de Martigny (V. ci-dessus, *A*).

269-05. — Coulommiers. Imp. PAUL BRODARD. — 4-05.

PUBLICITÉ DES GUIDES JOANNE

EXERCICE 1905-1906

I. Adresses utiles — Sociétés financières
Journaux — Chemins de fer — Agences de voyages
Indicateurs — Compagnies maritimes

ADRESSES UTILES

AMEUBLEMENT

AMEUBLEMENT ET DÉCORATION

Vente et achat
Location de meubles en tous genres
Garde-meuble public

PERRICHET & BELZACQ

[TÉLÉPHONE] 521-58

BELZACQ, Sucor

4 et 6, rue de la Pépinière

ANTISEPTIQUE

OZONATEUR, Breveté s. g. d. g.

DÉSINFECTEUR AUTOMATIQUE

9, chaussée d'Antin, Paris

[TÉLÉPHONE] 121-66

ARMES

GUINARD & Cie

Armuriers brevetés

8, avenue de l'Opéra, 8

(Près de la rue Sainte-Anne)

FUSILS GUINARD
HAMMERLESS ÉJECTEURS

Très soignés

Meilleur marché que partout ailleurs
*Vainqueur au Concours international
Paris 1902*

Voir toutes les nouveautés de l'armurerie : Pistolets automatiques, Revolvers de tous systèmes, Carabines d'exploration et de chasse aux fauves.

8, avenue de l'Opéra, 8

(Près de la rue Sainte-Anne)

[TÉLÉPHONE] 210-17

AUTOMOBILES

PNEUS MICHELIN, pour voitures, voiturettes et vélos.
Clermont Ferrand
Dépôt à Paris : 105, *boulevard Pereire.* TÉLÉPHONE 502.08. (V. p. 132.)

BANQUES

Comptoir national d'escompte de Paris. (Voir p. 7.)

Crédit Lyonnais. (Voir p. 10.)

Société Générale. (Voir p. 8.)

BIJOUTERIE

Tranchant, *79, rue du Temple,* Paris. Bijouterie argent en tous genres. Hochets, Bracelets, Chaînes, Bourses, Ronds de serviettes, Timbales, Coquetiers, Tabatières, Petite orfèvrerie, Articles de bureaux et de fumeurs, Chapelets, Croix, Médailles. TÉLÉPHONE 283-12.

CALVITIE
CHUTE DES CHEVEUX

Cornloley, *1, rue de la Paix,* Paris. Produits hygiéniques. Spécialités pour la chevelure et le visage. *Prospectus gratis.* Diplôme de la Société de médecine de France.

CAOUTCHOUC DE VOYAGE
HYGIÈNE — CHIRURGIE

Maison Charbonnier
J. VEGRIGNER, Succ'
376, rue Saint-Honoré, 376
Caoutchouc manufacturé anglais, français et américain. Chaussures américaines et gants, bottes de marais.
Vêtements imperméables, toile-caoutchouc Tube anglais ou bains portatifs, cuvettes pliantes, sacs à eau chaude, coussins et matelas à air et à eau pour malades et pour voyages. Urinaux, Bidets et bassins, etc. Atelier de réparation.

TÉLÉPHONE 241-67

CHOCOLAT

Chocolat Menier. (V. p. 131.)

Compagnie Coloniale. (Voir page de garde en tête du volume.)

CRISTAUX, FAIENCES, PORCELAINES

Maison Toy, *10, rue de la Paix,* Paris. (Voir p. 41.)

DENTIFRICES

Docteur Pierre. (Voir p. 43.)

EXERCISEUR

Appareil exerciseur Michelin. Dames, 8 fr., hommes 9 fr., athlètes, 10 fr.; hercules, 12 fr. (Voir p. 132.)

GLACIÈRES

Glacière des Châteaux. — J. Schaller, *332, rue Saint-Honoré,* Paris. (Voir p. 44.)

HOTELS

Grand Hôtel de l'Amirauté, *5, rue Daunou (rue de la Paix).* Grands et petits appartements. Chambres depuis 4 fr. Pension, 12 fr. Cuisine et cave recommandées. TÉLÉPHONE 231-86.

Grand Hôtel de l'Athénée
15, rue Scribe, Paris

Grand Hôtel des Capucines, *37, boulevard des Capucines.* Maison recommandée. SANS SUCCURSALE. Table d'hôte. Excellente cuisine. Bains. Ascenseur. Éclairage électrique. TÉLÉPHONE 250-52.
Mme E. CHABANEITE, propriétaire

Marmande.	* Noyon.	* Roubaix.	Terrasson.
* Marseille.	Nuits - Saint - Georges.	* Rouen.	* Thiers.
Maubeuge.	Oloron - Sainte - Marie.	* Ruell.	Thizy.
* Meaux.	* Orléans.	Ruffec.	Thouars.
* Melun.	Orthez.	Saint-Affrique.	Tonnerre.
* Menton.	Oyonnax.	Saint-Amand.	* Toul.
Méru.	* Pamiers.	* Saint-Brieuc.	* Toulon.
Meulan.	Parthenay.	Saint-Chamond.	* Toulouse.
Meursault.	* Pau.	* Saint-Claude.	Tourcoing.
Millau.	* Périgueux.	* Saint-Dié.	Tournus.
Moissac.	Péronne.	* Saint-Etienne.	* Tours.
* Montargis.	* Perpignan.	Sainte - Foy - la - Grande.	* Troyes.
* Montauban.	Pertuis.	* Saintes.	Tulle.
Montbéliard.	* Pézenas.	* Saint-Gaudens.	Uzés.
*Mont-de-Marsan.	Pithiviers.	* Saint-Germain-en-Laye.	* Valence.
Montdidier.	* Poitiers.	* Saint - Jean - d'Angély.	*Valence-d'Agen
* Monte-Carlo.	Pons.	* Saint-Lô.	* Valenciennes.
Montélimar.	Pont-Audemer.	Saint-Loup-sur-Semouse.	* Vannes.
* Montereau.	Pontivy.	* Saint-Malo.	* Vendôme.
* Montluçon.	Pont-l'Evêque.	* Saint-Nazaire.	Verneuil-s.-Avre
* Montpellier.	* Pontoise.	* Saint-Quentin.	* Vernon.
Montreuil-sur-Mer.	* Provins.	Saint-Remy-de-Provence.	* Versailles.
Montrichard.	* Puy (Le).	Saint-Servan.	Vervins.
Moret-s.-Loing.	Quesnoy (Le).	Salins-du-Jura.	* Vesoul.
Morez-du-Jura.	* Quimper.	Sarlat.	* Vichy.
* Morlaix.	* Reims.	* Saumur.	* Vienne.
* Moulins.	Remiremont.	* Sedan.	Vierzon.
* Nancy.	* Rennes.	Semur.	* Villefranche-de-Rouergue.
* Nantes.	Rive-de-Gier.	* Senlis.	* Villefranche s.-Saône.
Nantua.	* Roanne.	* Sens.	Villeneuve-sur-Lot.
* Narbonne.	Rochefort-sur-Mer.	Sèvres.	Villeneuve-sur-Yonne.
Nemours.	* Rochelle (La).	* Soissons.	* Villers-Cotterets.
* Nevers.	Roche-s.-Yon(La)	* Tarare.	Villeurbanne.
* Nice.	* Rodez.	* Tarascon.	Vitré.
* Nîmes.	* Romans.	* Tarbes.	* Voiron.
* Niort.	* Romilly-sur-Seine.		
Nogent-le-Rotrou.			

Agence de Londres, Old Broad Street, 53.

La Société a, en outre, **72 Succursales, Agences et Bureaux à Paris et dans la Banlieue, et des Correspondants** sur toutes les places de France et de l'Etranger.

OPÉRATIONS de la SOCIÉTÉ GÉNÉRALE :

Dépôts de fonds à intérêts en compte ou à échéance fixe (taux des dépôts de 3 à 5 ans : 3 1/2 0,0, net d'impôt et de timbre); — Ordres de Bourse (France et Etranger); — Souscriptions sans frais; — Vente aux guichets de valeurs livrées immédiatement (obligations de chemins de fer, obligations à lots de la ville de Paris et du Crédit foncier, bons Panama, etc.); — Escompte et Encaissement de coupons français et étrangers; — Mise en règle de titres; — Avances sur titres; — Escompte et Encaissement d'effets de commerce; — Garde de titres; — Garantie contre le remboursement au pair et les risques de non vérification des tirages; — Virements et chèques sur la France et l'Etranger; — Lettres de crédit et Billets de crédit circulaires; — Change de monnaies étrangères, etc.

LOCATION DE COFFRES-FORTS
ET DE COMPARTIMENTS DE COFFRES-FORTS

au Siège social, dans les succursales, dans plusieurs bureaux et dans un grand nombre d'agences, depuis 5 fr. par mois; tarif décroissant en proportion de la durée et de la dimension.

(Demander les notices spéciales à tous les guichets de la Société.)

(*) Les agences marquées d'un astérisque sont pourvues d'un service de location de coffres-forts.

Type B*

CRÉDIT LYONNAIS

AGENCES EN FRANCE ET EN ALGÉRIE

Abbeville.	Cannes.	Lille.	Romans.
Agen.	Carcassonne.	Limoges.	Roubaix.
Aix-en-Provence.	Carpentras.	Lisieux.	Rouen.
Aix-les-Bains.	Castres.	Lorient.	Saint-Brieuc.
Alais.	Caudry.	Lunel.	Saint-Chamond.
Albi.	Cette.	Lunéville.	Saint-Dié.
Alençon.	Chalon-sur-Saône.	Mâcon.	Saint-Dizier.
Alger (Algérie).	Chambéry.	Mans (Le).	Saint-Etienne.
Amiens.	Charleville.	Marseille.	Saint-Germain-en-
Angers.	Chartres.	Maubeuge.	Laye.
Angoulême.	Châtellerault.	Mazamet.	Saint-Omer.
Annecy.	Châtillon-sur-Seine.	Menton.	Saint-Quentin.
Annonay.	Chauny.	Montauban.	Saintes.
Antibes.	Cherbourg.	Montbéliard.	Salon.
Arles.	Cholet.	Monte-Carlo (Terri-	Saumur.
Armentières.	Clermont-Ferrand.	toire français).	Sedan.
Arras.	Cognac.	Montélimar.	Sens.
Autun.	Compiègne.	Montluçon.	Sidi-bel-Abbès (Al-
Auxerre.	Condom.	Montpellier.	gérie).
Avignon.	Constantine (Algérie).	Moulins.	Soissons.
Bar-le-Duc.	Creusot (Le).	Nancy.	Tarare.
Bayonne.	Dijon.	Nantes.	Tarbes.
Beaucaire.	Douai.	Narbonne.	Thiers.
Beaulieu.	Draguignan.	Nevers.	Thizy.
Beaune.	Dunkerque.	Nice.	Toulon.
Beauvais.	Elbeuf.	Nimes.	Toulouse.
Belfort.	Epernay.	Niort.	Tourcoing.
Belleville-sur-Saône.	Epinal.	Oran (Algérie).	Tours.
Besançon.	Evreux.	Orléans.	Troyes.
Béziers.	Fécamp.	Pau.	Valence.
Biarritz.	Firminy.	Périgueux.	Valenciennes.
Blois.	Flers.	Perpignan.	Vallauris.
Bône (Algérie).	Fourmies.	Philippeville (Algérie).	Verdun.
Bordeaux.	Grasse.	Poitiers.	Versailles.
Bourg.	Gray.	Pontarlier.	Vesoul.
Bourges.	Grenoble.	Puy (Le).	Vichy.
Bourgoin.	Havre (Le).	Reims.	Vienne (Isère).
Brest.	Hyères.	Remiremont.	Vierzon.
Brives.	Issoire.	Rennes.	Villefranche-sur-
Caen.	Jarnac.	Rethel.	Saône.
Cahors.	Laon.	Rive-de-Gier.	Villeneuve-sur-Lot.
Calais-Saint-Pierre.	Laval.	Roanne.	Vitry-le-François.
Cambrai.	Libourne.	Rochelle (La).	Voiron.

AGENCES A L'ÉTRANGER

Alexandrie (Égypte).	Constantinople.	Madrid.	Saint-Pétersbourg.
Barcelone.	Genève.	Moscou.	Saint-Sébastien.
Bruxelles.	Jérusalem.	Odessa.	Smyrne.
Caire (Le).	Londres.	Port-Saïd.	Valence (Espagne).

Le Crédit Lyonnais fait toutes les opérations d'une maison de banque : dépôts d'argent remboursables à vue et à échéance ; dépôts de titres ; encaissements de coupons ; ordres de bourse ; souscriptions ; escompte de papier de commerce sur la France et l'Étranger ; chèques et lettres de crédit sur tous pays ; prêts sur titres français et étrangers ; achat et vente de monnaies, matières et billets étrangers.

Service spécial de location de COFFRES-FORTS dans des conditions présentant toute garantie contre les risques d'incendie et de vol (compartiments depuis 5 francs par mois).

LE FIGARO

Six pages tous les jours

DIRECTEUR :
GASTON CALMETTE

→ INFORMATIONS ←

LE FIGARO est outillé de manière à fournir sur chaque événement important, en France et à l'étranger, l'information la plus rapide, la plus complète, la plus sûre. Il a, depuis sa nouvelle direction, un service spécial de dépêches de la dernière heure qui lui sont envoyées de toutes les grandes capitales.

Ouvert à tous les partis, journal indépendant, frondeur, **Le Figaro** est devenu la tribune la plus libre et la plus retentissante.

C'est le journal le plus répandu dans le monde entier.

CHAQUE SEMAINE

Un Dessin d'Actualité
FORAIN, CARAN D'ACHE, A. GUILLAUME

UNE PAGE DE MUSIQUE INÉDITE
TOUS LES SAMEDIS

Five o'Clock

Pendant la saison d'hiver, **Le Figaro** donne, dans son hôtel, des concerts auxquels sont invités, à tour de rôle, ses abonnés. Les abonnés des départements et de l'étranger, de passage à Paris, reçoivent aussi des invitations sur leur demande.

PUBLICITÉ

Les services de Publicité liée à la Rédaction sont installés dans l'hôtel du Figaro, 26, rue Drouot. La publicité du Figaro est la plus recherchée.

ABONNEMENTS

	Paris et S.-et-Oise	Départem	Étranger
Un an.....	60 fr.	75 fr. »	86 fr. »
Six mois..	30 fr.	37 fr. 50	43 fr. »
Trois mois.	15 fr.	18 fr. 75	21 fr. 50

Le Monde illustré

13, quai Voltaire, PARIS

DIRECTEUR : **Ed. DESFOSSÉS**

Le Monde illustré, qui entre dans sa 49ᵉ année, est, à l'heure actuelle, le journal illustré le plus documenté du monde; c'est aussi le plus complet, grâce à son grand nombre de pages et à la rapidité de ses informations.

Les numéros spéciaux du *Salon* et de *Noël* ainsi que ceux publiés à l'occasion d'événements importants sont connus de tous et sont toujours rapidement épuisés.

Tous ces éléments constituent une **publication hors ligne** dont la collection est des plus précieuses et forme le meilleur fonds de bibliothèque. C'est l'histoire en images des hommes, des choses de notre temps qui peut être mise sous tous les yeux, articles, nouvelles et gravures étant destinés à la famille.

Ajoutons que le prix du *Monde illustré* est inférieur à celui de tous les journaux de même ordre et de même format aussi bien en France qu'à l'étranger.

Il a résolu le grand problème du succès : Faire mieux que les autres et à meilleur marché.

TARIF DES ABONNEMENTS

FRANCE		ÉTRANGER	
3 mois	7 fr.	3 mois	8 fr.
6 mois	13 fr.	6 mois	16 fr.
Un an	26 fr.	Un an	30 fr.

Billets d'aller et retour de PARIS A TURIN, MILAN, GÊNES, VENISE
FLORENCE, ROME et NAPLES
(Via Dijon, Mâcon, Aix-les-Bains, Modane)

Prix des Billets	Turin. 1re cl. 147 fr. »; 2e cl. 106 fr. 15; 3e cl. 69 fr. 25.			
	Milan. 1re cl. 164 fr. 80; 2e cl. 116 fr. 75		Validité :	
	Gênes. — 169 fr. 80; — 121 fr. 40			
	Venise. — 216 fr. 35; — 153 fr. 75		30 jours	
	Florence. — 217 fr. 40; — 154 fr. 80		Validité :	
	Rome. — 266 fr. 90; — 189 fr. 50			
	Naples. — 315 fr. 50; — 223 fr. 50		45 jours	

Ces billets sont délivrés toute l'année à la gare de Paris-Lyon et dans les bureaux-succursales. La durée de validité des billets valables 30 jours peut être prolongée de 15 jours et celle des billets valables 45 jours peut être prolongée de 22 jours, moyennant le payement d'un supplément égal à 10 0/0 du prix du billet. D'autre part, la validité des billets d'aller et retour Paris-Turin est portée gratuitement à 60 jours, lorsque les voyageurs justifient avoir pris, à Paris ou à Turin, un billet de voyage circulaire intérieur italien ou un billet d'abonnement spécial italien. *Arrêts facultatifs à toutes les gares du parcours.*
FRANCHISE DE 30 KILOGRAMMES DE BAGAGES SUR LE PARCOURS P.-L.-M

BILLETS D'ALLER ET RETOUR
DE PARIS A BERNE ET A INTERLAKEN
(Via Dijon, Pontarlier, Les Verrières, Neuchâtel) *ou réciproquement*
DE PARIS A ZERMATT (Mont Rose)
(Via Dijon, Pontarlier, Lausanne) *sans réciprocité*
PRIX DES BILLETS

De		1re cl.	2e cl.	3e cl.
Paris à	Berne.........	100 fr.;	75 fr.;	50 fr.
	Interlaken.....	— 112 fr.;	— 83 fr.;	— 56 fr.
	Zermatt (Mt Rose).	— 140 fr.;	— 108 fr.;	— 71 fr.

Valables 60 jours, avec arrêts facultatifs sur tout le parcours
Franchise de 30 kilogs de bagages sur le parcours P.-L.-M.
EN ÉTÉ, TRAJET RAPIDE DE PARIS A BERNE ET A INTERLAKEN
Les billets d'aller et retour de Paris à Berne et à Interlaken sont délivrés du 1er avril au 15 octobre; ceux de Zermatt, du 15 mai au 27 sept.

VOYAGES INTERNATIONAUX A ITINÉRAIRES FACULTATIFS

Il est délivré toute l'année, dans toutes les gares du réseau P.-L.-M., des Livrets de voyages internationaux avec itinéraires établis au gré des voyageurs sur les réseaux français de P.-L.-M., de l'Est, de l'Etat, du Midi, du Nord, de l'Orléans, de l'Ouest, de l'Etat (lignes algériennes), P.-L.-M.-Algérien, Ouest-Algérien et Bône-Guelma, sur les lignes maritimes de la Méditerranée desservies par la Compagnie générale transatlantique, la Compagnie de navigation mixte (Cie Touache) ou par la Société générale des transports maritimes à vapeur, et sur les chemins de fer *allemands, austro-hongrois, belges, bosniaques et herzégoviniens, bulgares, danois, finlandais, italiens et siciliens, luxembourgeois, néerlandais, norvégiens, roumains, serbes, suédois, suisses et turcs.* Ces voyages, qui peuvent comprendre certains parcours par bateaux à vapeur ou par voitures, doivent, lorsqu'ils sont commencés en France, comporter obligatoirement des parcours étrangers. Parcours minimum : 600 kilomètres. La validité varie de 45 à 90 jours suivant le parcours. Arrêts facultatifs.

 Les demandes de livrets internationaux sont satisfaites le jour même, aux gares de Paris et de Nice, lorsqu'elles arrivent à ces gares avant midi. Pour toutes les autres gares, les demandes doivent être faites quatre jours à l'avance.

VILLES D'EAUX

DESSERVIES PAR LE RÉSEAU P.-L.-M.

1° Billets d'aller et retour collectifs de 1re, 2e et 3e classes

Il est délivré, du 1er mai au 15 octobre, dans toutes les gares du réseau P.-L.-M., sous condition d'effectuer un parcours simple minimum de 150 kilomètres, aux familles d'au moins trois personnes voyageant ensemble, des billets d'aller et retour collectifs de 1re, 2e et 3e classes, *valables 33 jours*, pour les stations thermales du réseau et notamment pour : **Aix-les-Bains, Clermont-Ferrand (Royat), Vichy, Evian-les-Bains**, etc.

Le prix des billets s'obtient en ajoutant au prix de quatre billets simples ordinaires (pour les deux premières personnes) le prix d'un billet simple pour la troisième personne, la moitié de ce prix pour la quatrième et chacune des suivantes.

2° Billets d'aller et retour individuels de 1re, 2e et 3e classes

Il est délivré, du 1er mai au 31 octobre, dans toutes les gares du réseau, des billets d'aller et retour de 1re, 2e et 3e classes comportant une réduction de 25 0/0 en 1re classe, et de 20 0/0 en 2e et 3e classes, pour les stations dénommées ci-dessus. — Validité : **10 jours**.

3° Billets d'aller et retour collectifs de 2e et 3e classes

Il est délivré, du 1er septembre au 15 octobre, dans toutes les gares du réseau P.-L.-M., aux familles d'au moins deux personnes voyageant ensemble, des billets d'aller et retour collectifs de 2e et 3e classes pour les stations thermales ci-dessus désignées. Minimum de parcours simple : 150 kilomètres.

Le prix de ces billets collectifs s'obtient en ajoutant au prix de deux billets simples (pour la première personne) le prix d'un billet simple pour la deuxième personne, la moitié de ce prix pour la troisième et chacune des suivantes.

Arrêts facultatifs

Faire la demande de billets (collectifs ou individuels), quatre jours au moins à l'avance, à la gare où le voyage doit être commencé.

VOYAGES CIRCULAIRES A ITINÉRAIRES FACULTATIFS

Sur le réseau P.-L.-M.

Il est délivré, toute l'année, dans toutes les gares du réseau P.-L. M., des carnets individuels ou de famille, pour effectuer, sur ce réseau, en 1re, 2e et 3e classes des voyages circulaires à itinéraire tracé par les voyageurs eux-mêmes avec parcours minimum d'au moins 300 kilomètres. Les prix de ces carnets comportent des réductions très importantes qui peuvent atteindre, pour les carnets de famille, 50 0/0 du tarif général.

La validité de ces carnets est de 30 jours jusqu'à 1 500 kilomètres, 45 jours de 1 501 à 3 000 kilomètres, 60 jours pour plus de 3 000 kilomètres.

Faculté de prolongation — Arrêts facultatifs.

Pour se procurer un carnet individuel ou de famille, il suffit de tracer sur une carte, qui est délivrée gratuitement dans les gares de P.-L.-M., bureaux de ville et agences de voyages, le voyage à effectuer, et d'envoyer cette carte, cinq jours avant le départ à la gare où le voyage doit être commencé, en joignant à cet envoi une provision de 10 francs.

Le délai de demande est réduit à deux jours (dimanches et fêtes non compris) pour certaines grandes gares.

BAINS DE MER DE L'OCÉAN
BILLETS D'ALLER ET RETOUR A PRIX RÉDUITS
VALABLES PENDANT 33 JOURS (*non compris le jour du départ*)
Tarif G. V. n° 6 (Orléans)

Pendant la saison des Bains de mer, du samedi, veille de la fête des Rameaux, au 31 octobre, il est délivré, à toutes les gares du réseau, des Billets ALLER ET RETOUR de toutes classes, à prix réduits, pour les stations balnéaires ci-après : **Saint-Nazaire. — Pornichet** (Sainte-Marguerite). — **Escoublac-la-Baule. — Le Pouliguen. — Batz. — Le Croisic. — Guérande. — Vannes** (Port-Navalo, Saint-Gildas-de-Ruis). — **Ploubarnel-Carnac. — Saint-Pierre-Quiberon. — Quiberon. — Le Palais** (Belle-Isle-en-Mer). — **Lorient** (Port-Louis, Larmor). — **Quimperlé** (Le Pouldu). — **Concarneau. — Quimper** (Benodet, Beg-Meil, Fouesnant). — **Pont-l'Abbé** (Langoz, Loctudy). — **Douarnenez. — Châteaulin** (Pentrey, Crozon, Morgat).

HOTELS DE LA COMPAGNIE D'ORLÉANS à VIC-SUR-CÈRE et au LIORAN (Cantal)

Ouverts du 1er juin au 5 octobre pour Vic-sur-Cère et du 1er juin au 1er octobre pour le Lioran.

L'hôtel de Vic est au milieu d'un parc clos et boisé, de 6 hectares, à côté d'une forêt. — Altitude : 750 mètres au-dessus du niveau de la mer — Voisin de l'Etablissement hydrothérapique et de la source minérale. — Distribution à tous les étages d'eau potable reconnue de pureté exceptionnelle par l'Institut Pasteur. — Splendide vue sur la vallée de la Cère et sur la montagne. — Jeu de lawn-tennis. — Télégraphe à la station et à la ville. — Location de voitures pour excursions. — La ville de Vic-sur-Cère, chef-lieu de canton, compte 1 700 habitants. — Eglise.

Un hôtel un peu plus petit, mais aussi confortable, est établi tout près de la station du Lioran, au milieu d'une forêt de sapins et de hêtres ; c'est un point tout indiqué pour une cure d'air et d'altitude (1 150 mètres) ; une grande route nationale parfaitement entretenue passe devant l'hôtel.

Le Lioran est le centre de toute une série d'excursions et d'ascensions d'accès facile et qui peuvent être faites en une journée, aller et retour.

BILLETS D'ALLER ET RETOUR DE FAMILLE

Pour les stations thermales de Chamblet-Néris, Cransac (**NÉRIS-LES-BAINS**), EVAUX-LES-BAINS, Moulins (**BOURBON-L'ARCHAMBAULT**), Saint-Gervais-Châteauneuf (**CHATEAUNEUF-LES-BAINS**), **LA BOURBOULE, LE MONT-DORE, ROYAT,** Rocamadour (**MIERS**), **VIC-SUR-CÈRE,** Le Lioran. — *Tarif G. V. n° 6 (Orléans)*

Réduction de 50 0/0 pour chaque membre de la famille en plus du troisième

Il est délivré, du 15 mai au 15 septembre, aux familles d'au moins trois personnes payant place entière et voyageant ensemble, des *Billets d'aller et retour de famille* en 1re, 2e et 3e classes, au départ de toutes les gares du réseau, pour les stations ci-dessus indiquées distantes d'au moins 125 kilomètres de la gare de départ.

Il peut être délivré au chef de famille titulaire d'un billet de famille et en même temps que ce billet une carte d'identité, sur la présentation de laquelle il sera admis à voyager isolément à moitié prix du Tarif général, pendant la durée de la villégiature de la famille, entre le lieu de départ et le lieu de destination mentionnés sur le billet.

Exceptionnellement, le chef de famille peut être autorisé à revenir seul à son point de départ, à la condition d'en faire la demande en même temps que celle du billet.

Il est rappelé à cette occasion que les billets de famille sont établis par l'itinéraire à la convenance du public, que l'itinéraire peut n'être pas le même à l'aller et au retour, enfin que la durée de validité, à compter du jour du départ, ce jour non compris, est de deux mois et peut être prolongé d'une période d'un mois, moyennant supplément de 20 0/0 du prix du billet.

BILLETS D'ALLER ET RETOUR DE FAMILLE

Pour les stations thermales et hivernales des Pyrénées et du golfe de Gascogne, Arcachon, Biarritz, Dax, Pau, Salles-de-Béarn, etc. — Tarif spécial G. V. n° 106 (Orléans).

Des Billets aller et retour de famille, de 1re, 2e et 3e classes, sont délivrés, toute l'année, à toutes les stations du réseau d'Orléans, pour :

Agde (le Grau), **Alet, Amélie-les-Bains, Arcachon, Argelès-Gazost, Argelès-sur-Mer, Arles-sur-Tech** (La Preste), **Arreau-Cadéac** (Vielle-Aure), **Axat-Aude** (Carcanières, Escouloubre, Usson-les-Bains), **Ax-les-Thermes, Bagnères-de-Bigorre, Bagnères-de-Luchon, Balaruc-les-Bains, Banyuls-sur-Mer, Barbotan, Biarritz, Boulou-Perthus** (Le), **Cambo-les-Bains, Capvern, Cauterets, Collioure, Couiza-Montazels** (Rennes-les-Bains), **Dax, Espéraza** (Campagne-les-Bains), **Gamarde, Grenade-sur-l'Adour** (Eugénie-les-Bains), **Guéthary** (halte), **Gujan-Mestras, Hendaye, Labenne** (Capbreton), **Labouheyre** (Mimiza), **Laluque** (Préchacq-les-Bains), **Lamalou-les-Bains, Laruns-Eaux-Bonnes** (Eaux-Chaudes), **Leucate** (la Franqui), **Lourdes, Loures-Barbazan, Luz-St-Sauveur** (Barèges, St-Sauveur), **Marignac-St-Béat** (Lez, Val d'Aran), **Nouvelle** (La), **Oloron-Sainte-Marie** (St-Christau), **Pau, Pierrefitte-Nestalas, Port-Vendres, Prades** (Molitg), **Quillan** (Ginoles, St-Flour (Chaudesaigues), **Saint-Gaudens** (Encausse, Gantiès), **St-Girons** (Audinac, Aulus), **Saint-Jean-de-Luz, Saléchan** (Ste-Marie, Siradan), **Salles-de-Béarn, Salles-du-Salat, Ussat-les-Bains** et **Villefranche** (Vernet-les-Bains), Thuès, Les Escaldas, Graü-de-Canaveilles).

Avec les réductions suivantes, calculées sur les prix de Tarif général d'après la distance parcourue, sous réserve que cette distance, aller et retour compris, sera d'au moins 300 kilomètres.

Pour une famille de 2 pers. : 20 0/0 ; 3 pers. : 25 0/0 ; 4 pers. : 30 0/0 ; 5 pers. : 35 0/0 ; 6 pers. ou plus : 40 0/0.

DURÉE DE VALIDITÉ : 33 JOURS (non compris les jours de départ et d'arrivée)

CHEMIN DE FER DU NORD

Saison des Bains de mer — Billets à prix réduits

Pendant la saison, de la veille de « fête des Rameaux au 31 octobre, toutes les gares du Chemin de fer du Nord délivrent des billets de bains de mer de 1re, 2e et 3e classes, à destination des stations balnéaires suivantes : BERCK (station du chemin de fer d'intérêt local), via Montreuil-sur-Mer ou via Rang-du-Fliers-Verton, BOULOGNE-VILLE ou TINTEL-LERIE (Le Portel), CALAIS-VILLE, CAYEUX (station de chemin de fer d'intérêt local) via Saint-Valery-sur-Somme, QUEND-FORT-MAHON (plages de Fort-Mahon et de Saint-Quentin), CONCHIL-LE-TEMPLE (Fort-Mahon), DANNES-CAMIERS (plages Sainte-Cécile et Saint-Gabriel), DUNKERQUE (plages de Malo-les-Bains et Rosendael), ÉTAPLES, PARIS-PLAGE (station du chemin de fer électrique), via Étaples, EU (plages du Bourg-d'Ault et d'Onival), GRAVELINES (Petit-Fort-Philippe), ORYVELDE (Bray-Dunes), LE CROTOY (station du chemin de fer d'intérêt local), via Noyelles, LEFFRINCKOUCKE (MALO-TERMINUS), LE TRÉPORT-MERS, LOON-PLAGE, MARQUISE-RINXENT (plage de Wissant), NOYELLES, SAINT-VALERY-SUR-SOMME, WIMILLE-WIMEREUX (plages de Wimereux, Audresselles et Ambleteuse), WOINCOURT (plages du Bourg-d'Ault et d'Onival), ZUYDCOOTE (Nord-Plage).

Il existe trois catégories de billets, savoir :

1° Billets de saison (1) de 1re, 2e et 3e classes, valables pendant 33 jours, non compris le jour de l'émission, avec facilité de prolongation pendant plusieurs périodes de 15 jours (2), sous condition d'effectuer un parcours minimum de 100 kilomètres aller et retour. Ces billets, créés pour les familles, sont nominatifs et collectifs. Il est accordé une *réduction de 50 0/0* à chaque membre de la famille en plus du troisième. Les billets dont il s'agit doivent être demandés au moins 4 jours à l'avance à la gare où le voyage doit être commencé.

2° Billets hebdomadaires et carnets d'aller et retour (1) de 1re, 2e et 3e classes. Les billets hebdomadaires sont valables pendant 5 jours, du vendredi au mardi et de l'avant-veille au surlendemain des fêtes légales. Ces billets et carnets sont individuels. Les prix varient selon la distance et présentent des réductions de 25 à 40 0/0. Les carnets contiennent 5 billets d'aller et retour et peuvent être utilisés à une date quelconque dans le délai de 33 jours, non compris le jour de distribution.

3° Billets d'excursion (1) de 2e et 3e classes, les dimanches et jours de fêtes légales, valables pendant une journée. Ces billets sont individuels ou de famille. — Les prix réduits des billets individuels sont indiqués dans le tableau ci-dessous. — Pour les *familles* (ascendants et descendants), il est accordé une nouvelle réduction sur le prix des billets individuels d'excursion, allant de 5 à 25 0/0, selon que la famille se compose de 2, 3, 4, 5 personnes et plus.

Les billets de saison et les billets hebdomadaires sont valables dans les mêmes trains et aux mêmes conditions que les billets ordinaires du service intérieur.

Les billets d'excursion ne sont valables que dans des trains spéciaux ou dans des trains du service ordinaire dirigés à cet effet par la Compagnie.

4° Cartes d'abonnement (1) de 1re, 2e et 3e classes, valables pendant 33 jours, et comportant une réduction de 20 0/0 sur le prix des abonnements ordinaires d'un mois. Ces cartes ne sont délivrées qu'à toute personne qui prend deux billets ordinaires au moins ou un billet de saison pour les membres de sa famille ou domestiques, allant séjourner sous le même toit dans une station balnéaire désignée ci-dessus.

(1) Ces billets sont personnels et ne peuvent être cédés, sous peine de poursuites judiciaires.
(2) Cette prolongation est faite, au retour, par les soins de la gare de départ, avant l'expiration de la première période, moyennant le supplément de 10 0/0 du prix total des billets.

Les prix au départ de Paris, pour les trois catégories, sont les suivants :

Prix des billets (1) de saison, hebdomadaires et d'excursion

DE PARIS AUX STATIONS CI-DESSOUS	Billets de saison de famille VALABLES PENDANT 33 JOURS						BILLETS HEBDOMADAIRES Prix (*) par personne			BILLETS d'excursion Prix (**) par personne	
	Prix pour 3 personnes			Prix pour chaque personne en plus							
	1re cl.	2e cl.	3e cl.	1re cl.	2e cl.	3e cl.	1re cl.	2e cl.	3e cl.	2e cl.	3e cl.
Berck	149 40	101 40	66 30	25 50	17 45	11 45	31 »	24 15	17 »	11 15	7 35
Boulogne (ville)	170 70	115 20	75 »	28 45	10 82	12 50	34 »	25 70	18 80	11 10	7 30
Calais (ville)	198 30	133 80	87 30	33 05	22 30	14 55	37 90	29 »	21 85	12 35	8 10
Cayeux	137 55	93 60	61 20	24 »	16 45	10 80	25 30	23 05	15 85	11 »	7 85
Conchil-le-Temple (Fort-Mahon)	140 40	94 80	61 84	23 40	15 80	10 30	28 80	22 50	15 73	9 75	6 80
Dannes-Camiers	157 80	105 80	69 30	26 80	17 70	11 85	41 70	24 40	17 80	10 50	6 82
Dunkerque	304 80	138 30	90 30	34 15	23 06	15 02	38 22	27 05	22 00	12 50	8 20
Étaples	152 40	102 90	67 80	25 40	17 15	11 80	30 90	23 95	17 »	10 38	6 73
Eu	120 90	81 60	33 10	20 15	13 80	8 85	23 40	20 10	13 70	8 85	5 75
Fort-Mahon (plage)	101 30	98 60	64 20	24 15	16 70	11 35	23 50	23 35	16 85	10 20	7 45
Ghyvelde (Bray-Dunes)	213 »	141 70	23 60	35 60	23 05	15 04	19 85	31 15	21 40	12 50	8 20
Gravelines (Petit-Fort-Philippe)	204 90	134 30	90 30	34 15	23 06	15 05	45 85	29 05	18 04	12 50	8 20
Le Crotoy	171 85	89 10	54 »	22 05	15 40	10 10	27 90	21 95	15 15	10 85	6 75
Leffrinckoucke (Malo-Terminus)	209 10	141 »	23 10	14 85	23 80	15 25	39 40	20 85	21 05	11 50	8 20
Le Tréport-Mers	121 »	81 10	31 »	20 50	13 45	9 »	25 75	20 75	13 75	9 »	5 85
Loon-Plage	204 30	138 »	30 »	34 06	23 »	15 »	48 75	29 90	18 50	12 50	8 20
Marquise-Rinxent	182 10	123 »	40 10	40 35	26 50	13 75	15 05	49 80	20 06	11 75	7 70
Noyelles	128 90	85 80	52 »	21 15	14 30	9 »	23 45	20 85	14 35	9 15	5 85
Paris-Plage (2)	156 »	106 90	70 »	26 60	18 15	12 80	42 10	24 05	16 »	11 35	7 75
Quend-Fort-Mahon	137 70	93 »	60 »	23 95	15 80	10 10	24 30	22 15	15 45	9 60	6 85
Quend-Plage	140 70	98 »	63 80	23 80	16 50	11 10	27 30	23 15	16 45	10 60	7 85
Rang-du-Fliers-Verton (Pl. Merlimont)	145 20	[illegible]	[illegible]	[illegible]	[illegible]	[illegible]	[illegible]	[illegible]	[illegible]	[illegible]	[illegible]
Saint-Valery-sur-Somme	131 10	[illegible]	[illegible]	[illegible]	[illegible]	[illegible]	[illegible]	[illegible]	[illegible]	[illegible]	[illegible]
Wimille-Wimereux	171 60	117 »	[illegible]	[illegible]	[illegible]	[illegible]	[illegible]	[illegible]	[illegible]	[illegible]	[illegible]
Woincourt	129 50	[illegible]	[illegible]	[illegible]	[illegible]	[illegible]	[illegible]	[illegible]	[illegible]	[illegible]	[illegible]
Zuydcoote (Nord-Plage)	211 »	142 80	33 »	[illegible]	[illegible]	[illegible]	[illegible]	[illegible]	[illegible]	[illegible]	8 20

(*) Des carnets individuels, associés à billets hebdomadaires d'aller et retour, peuvent être utilisés à une date quelconque dans le délai de 33 jours non compris le jour de distribution.
(**) Les prix indiqués se passent de la Compagnie du Nord; une nouvelle réduction de 5 à 25 0/0 est faite sur les billets de famille, selon que la famille se compose de 2 à 5 personnes et plus.
(1) Ces prix ne comprennent pas l'impôt de 10 % de droit de timbre pour les places supérieures à 10 francs.
(2) Les billets à destination de Paris-Plage ne sont délivrés que du 1er mai au 15 octobre, période pendant laquelle fonctionne le tramway électrique d'Étaples.

BILLETS DE BAINS DE MER
Valables 33 jours, non compris le jour du départ

Billets d'aller et retour, à validité prolongeable, délivrés du vendredi, avant-veille de la fête des Rameaux, au 31 octobre

1° — BILLETS DE BAINS DE MER
AU DÉPART DE PARIS

De PARIS (Montparnasse) ou de PARIS (quai d'Orsay, pont Saint-Michel ou Austerlitz) aux gares ci-après et retour.	PRIX ALLER ET RETOUR					
	Section I — sans faculté d'arrêt aux gares intermédiaires.			Section II — § 1. Faculté d'arrêt entre CHARTRES ou TOURS et la station balnéaire.		
	1re cl.	2e cl.	3e cl.	1re cl.	2e cl.	3e cl.
Royan	71 30	52 40	39 10	80 65	61 20	43 50
La Tremblade (Ronce-les-Bains)	74 25	51 20	39 »	83 80	63 30	45 55
Le Chapus	67 20	49 10	35 »	77 05	58 20	40 »
Le Château-Quai (île d'Oléron)	68 70	50 60	36 20	75 85	59 70	41 20
Marennes	66 23	48 35	31 50	76 10	57 50	39 45
Fouras	63 90	46 50	33 20	73 75	53 75	37 90
Chatelaillon	62 33	46 10	32 40	71 95	53 25	37 05
Angoulins-sur-Mer	61 80	45 70	32 15	71 33	51 75	36 70
La Rochelle	61 10	45 10	31 50	70 50	51 20	36 30
La Pallice-Rochelle (île de Ré)	61 95	45 75	32 20	71 50	51 95	36 50
L'Aiguillon-Port — Via Chantonnay-Transit	59 40	45 60	31 75	67 60	51 50	35 75
L'Aiguillon-Port — Via Luçon-Transit	61 35	45 93	32 23	70 40	53 93	36 65
La Tranche — Via Chantonnay-Transit	61 90	45 10	34 25	70 10	57 »	38 25
La Tranche — Via Luçon-Transit	63 85	45 45	34 75	72 90	55 65	39 15
Les Sables-d'Olonne	62 60	45 80	32 65	72 23	55 95	37 20
Saint-Hilaire-de-Riez (Sion)	61 30	45 10	32 40	74 20	56 70	37 05
Saint-Gilles-Croix-de-Vie (Sion)	61 55	46 53	32 70	74 50	57 30	37 35

De PARIS-MONTPARNASSE ou SAINT-LAZARE
aux gares ci-après et retour

	Section I			Section II — § 2. Faculté d'arrêt entre Sainte-Pazanne incl. et la station balnéaire.		
	1re cl.	2e cl.	3e cl.	1re cl.	2e cl.	3e cl.
Challans (île de Noirmoutier, île d'Yeu, Saint-Jean-de-Monts)	63 85	44 65	31 35	71 33	50 65	33 35
Bourgneuf-en-Rets	58 50	42 90	30 10	66 50	49 90	31 10
Les Moutiers	56 50	43 30	30 40	66 50	49 30	31 40
La Bernerie	58 50	43 55	30 60	66 50	49 55	31 60
Pornic (île de Noirmoutier) (1)	58 85	44 30	31 15	66 80	50 30	35 15
Saint-Père-en-Rets (Saint-Brevin-l'Océan)	58 50	43 30	30 65	66 50	49 30	31 65
Paimbœuf (Saint-Brevin-l'Océan)	59 05	43 30	30 80	67 05	49 30	34 80

2° — BILLETS DE BAINS DE MER
AU DÉPART DES GARES AUTRES QUE PARIS, VALABLES 33 JOURS
non compris le jour du départ

Ces billets sont délivrés par toutes les gares, stations et haltes du réseau de l'État (Paris excepté), pour toutes les stations balnéaires désignées ci-dessus. Ils comportent les mêmes réductions de prix que les billets d'aller et retour ordinaires et donnent le droit de s'arrêter aux gares intermédiaires.

Dispositions spéciales au 1° et au 2°

Enfants. — Les enfants de 3 à 7 ans payent moitié du prix des billets de bains de mer.

Prolongation de la durée de validité. — La durée de validité peut être prolongée de 30 jours, moyennant un supplément égal à 10 0/0 du prix du billet. Cette prolongation peut être accordée deux fois au plus ; le supplément à payer pour chaque prolongation de 30 jours est de 10 0/0 du prix primitif.

3° — BILLETS DE BAINS DE MER
À VALIDITÉ RÉDUITE, SANS FACULTÉ DE PROLONGATION

A) Billets de toutes classes valables pendant 5 jours, du vendredi de chaque semaine au mardi suivant, ou de l'avant-veille au surlendemain d'un jour férié. — Leurs prix sont ceux des billets simples augmentés d'un dixième avec minimum de perception, par place, de 12 fr. en 1re classe, de 9 fr. en 2e classe et de 6 fr. en 3e classe.

B) Billets de 2e et de 3e classes délivrés par toutes les gares du réseau de l'État situées au sud de la Loire, valables un jour seulement, le dimanche ou un jour férié. — Leurs prix sont les deux tiers de ceux des billets de bains de mer de 33 jours, avec minimum de perception par place de 5 fr. en 2e classe et de 3 fr. 50 en 3e classe.

(Pour les conditions d'utilisation des billets de bains de mer, voir les Tarifs G. V. n°s 6 et 106.)

(1) Un service régulier de bateaux à vapeur est organisé entre Pornic et Noirmoutier pendant la période du 1er juillet au 30 septembre.

ABONNEMENTS DE BAINS DE MER

Des cartes d'abonnement de Bains de mer valables un mois, trois mois ou six mois et comportant une réduction de 40 0/0 sur les prix des cartes ordinaires d'abonnement de même durée, sont délivrées chaque année, à partir du vendredi, avant-veille de la fête des Rameaux, jusqu'au 31 octobre pour les cartes d'un ou trois mois, et jusqu'au 31 juillet pour les cartes de six mois. Ces cartes ne sont délivrées qu'aux personnes qui prennent en même temps au moins trois billets ordinaires ou de bains de mer.

(Pour les autres conditions, voir le Tarif spécial G. V. nº 3.)

BILLETS D'ALLER ET RETOUR DE FAMILLE
POUR LES VACANCES
Valables 33 jours, non compris le jour du départ

Délivrés du vendredi, avant-veille de la fête des Rameaux, au lundi de Pâques inclus (sans prolongation), et du 1ᵉʳ juillet au 1ᵉʳ octobre, avec prolongation facultative, moyennant surtaxe, aux familles d'au moins trois personnes payant place entière et voyageant ensemble :

a) Au départ de PARIS, pour les gares, stations et haltes du réseau de l'Etat situées à 125 kilomètres au moins de Paris, ou réciproquement ;

b) Au départ de toutes les gares, stations et haltes du réseau de l'Etat (Paris excepté), pour les gares, stations et haltes situées à 100 kilomètres au moins du point de départ.

Il peut être délivré à un ou plusieurs des voyageurs compris dans un billet collectif et en même temps que ce billet une carte d'identité sur la présentation de laquelle le titulaire sera admis à voyager isolément à moitié prix du tarif ordinaire des billets simples, pendant la durée de la villégiature de la famille, entre la gare de délivrance du billet collectif et le point de destination mentionné sur ce billet.

Enfants. — Les enfants de 3 à 7 ans payent la moitié du prix que paye un voyageur à place entière

(Pour les autres conditions, voir les Tarifs spéciaux G. V. nᵒˢ 8 bis et 9 bis.)

VOYAGE CIRCULAIRE AU LITTORAL DE L'OCÉAN
ENTRE BORDEAUX ET NANTES
Billets individuels et de famille
délivrés du vendredi, avant-veille de la fête des Rameaux, au 31 octobre

Valables 33 jours (non compris le jour de la délivrance)
avec faculté de prolongation de trois fois 20 jours moyennant un supplément de 10 0/0 pour chaque prolongation

PRIX :

1º Billets individuels : 1ʳᵉ classe, 60 fr. — 2ᵉ classe, 45 fr. — 3ᵉ classe, 30 fr.

2º Billets de famille : Prix ci-dessus réduits de 10 0/0 pour une famille de 3 personnes, jusqu'à 25 0/0 pour un nombre de 6 personnes ou plus.

Billets spéciaux de parcours complémentaires pour rejoindre ou quitter l'itinéraire du voyage d'excursion.

Pour les autres conditions, voir le Tarif spécial G. V. nº 3.)

CARTES D'EXCURSION VALABLES 15 JOURS

Pendant la période du vendredi, avant-veille de la fête des Rameaux, au 31 octobre, il sera délivré par toutes les gares, stations et haltes du réseau de l'Etat, des cartes d'excursion valables pendant 15 jours et comportant la libre circulation, savoir :

Cartes A. — Sur l'ensemble du réseau de l'Etat.

Cartes B. — Sur toutes les lignes du réseau de l'Etat situées au sud de la Loire (y compris les gares de Nantes, Angers, La Possonnière, Saumur et Port-Boulet).

Ces cartes sont délivrées aux prix ci-après :

Cartes A (valables sur l'ensemble du réseau) : 1ʳᵉ classe, 135 fr. ; 2ᵉ cl., 100 fr. ; 3ᵉ cl., 75 fr.

Cartes B (valables sur le réseau sud seulement) : 1ʳᵉ classe, 100 fr. ; 2ᵉ cl., 75 fr. ; 3ᵉ cl., 50 fr.

Les demandes de cartes d'excursion pourront être adressées aux chefs de toutes les gares ou stations du réseau de l'Etat, ou au chef du contrôle de ce réseau (rue Saint-Lazare, nº 13, à Paris).

(Pour les autres conditions, voir le Tarif spécial G. V. nº 3.)

RELATIONS DIRECTES ENTRE PARIS ET VALPARAISO
Par La Pallice-Rochelle et la Compagnie de navigation à vapeur du Pacifique
Service tous les 15 jours

Train spécial (1ʳᵉ, 2ᵉ et 3ᵉ classes), entre Paris-Montparnasse et La Pallice-Rochelle

(Sans transbordement)
TRAJET DIRECT EN 9 HEURES

Départ de Paris habituellement le samedi soir. — Arrivée à La Pallice-Rochelle (Bassin à flot) le lendemain matin.

CHEMINS DE FER DE L'OUEST

VOYAGES A PRIX RÉDUITS

BAINS DE MER ET EAUX THERMALES

(AVRIL A OCTOBRE)

I. — Billets délivrés au départ de PARIS, valables, selon la distance, 3, 4, 10 et 33 jours.

II. — Billets délivrés au départ de la PROVINCE, valables, selon la distance, 3, 4, 10 et 33 jours.

III. — Billets délivrés au départ des gares des réseaux du NORD, de l'EST, d'ORLEANS et de l'Etat, pour les stations balnéaires du réseau de l'Ouest, valables 33 jours.

IV. — Billets de famille pour 4 personnes au moins, délivrés au départ des gares du réseau de P.-L.-M., pour les stations balnéaires et thermales du réseau de l'Ouest, valables 33 jours.

EXCURSION AU MONT-SAINT-MICHEL (avril à octobre)

Billets délivrés par toutes les gares du réseau, valables, selon la distance, de 3 à 8 jours.

EXCURSION AU HAVRE (juin à septembre)

Billets délivrés au départ de PARIS et de ROUEN (R. D.), donnant droit au trajet en bateau dans un sens entre ROUEN et LE HAVRE.

EXCURSION A L'ILE DE JERSEY

Toute l'année, par GRANVILLE et SAINT-MALO.

Mai à octobre, par CARTERET.

Billets délivrés au départ de Paris et de certaines gares de la province, VALABLES UN MOIS.

EXCURSIONS EN BRETAGNE

Facilités accordées par Cartes d'abonnement individuelles et de famille, valables 33 jours.

ABONNEMENTS INDIVIDUELS

Il est délivré, à partir de la veille de la fête des Rameaux et jusqu'au 31 octobre, de cartes d'abonnement spéciales permettant de partir d'une gare quelconque (grandes lignes) du réseau de l'Ouest pour une gare au choix des lignes désignées aux alinéas I, II, III et IV ci-dessous, en s'arrêtant sur le parcours ; de circuler ensuite à son gré pendant un mois, non seulement sur ces lignes, mais aussi sur tous leurs embranchements qui conduisent à la mer, et, enfin, une fois l'excursion terminée, de revenir au point de départ avec les mêmes facilités d'arrêt qu'à l'aller.

CARTE I. — Sur la côte nord de Bretagne (1re classe, 100 fr.; 2e classe, 75 fr.). — Parcours : gares de la ligne de Granville à Brest (par Folligny, Dol et Lamballe) et des embranchements de cette ligne conduisant à la mer.

CARTE II. — Sur la côte sud de Bretagne (1re classe, 100 fr., 2e classe, 75 fr.). — Parcours : gares de la ligne du Croisic et de Guérande à Châteaulin et des embranchements de cette ligne conduisant à la mer.

CARTE III. — Sur les côtes nord et sud de Bretagne (1re classe, 130 fr.; 2e classe, 95 fr.). — Parcours : gares des lignes de Granville à Brest (par Folligny, Dol et Lamballe) et de Brest au Croisic et à Guérande et des lignes d'embranchement conduisant à la mer.

CARTE IV. — Sur les côtes nord et sud de Bretagne et lignes intérieures situées à l'ouest de celle de Saint-Malo à Redon (1re classe, 150 fr.; 2e classe, 110 fr., — Parcours : gares des lignes de Granville à Brest par Folligny, Dol et Lamballe, de Brest au Croisic et à Guérande et des lignes d'embranchement vers la mer, ainsi que celles des lignes de Dol à Redon, de Messac à Ploërmel, de Lamballe à Rennes, de Dinan à Questembert, de Saint Brieuc à Aurav, de Loudéac à Carhaix, de Morlaix et de Guingamp à Rosporden.

ABONNEMENTS DE FAMILLE

Toute personne qui souscrit, en même temps que l'abonnement qui lui est propre, un ou plusieurs autres abonnements de même nature, en faveur des membres de sa famille ou domestiques habitant avec elle, bénéficie, pour ces cartes supplémentaires, de réductions variant entre 10 et 50 p. 100, suivant le nombre de cartes délivrées.

CHEMINS DE FER DE L'OUEST

Excursions sur les Côtes de Normandie, en Bretagne et à l'île de Jersey

BILLETS CIRCULAIRES valables pendant un mois (1)

1re CLASSE 50 fr. — 1er ITINÉRAIRE — 2e CLASSE 40 fr.

Paris — Rouen — Barentin (Caudebec-en-Caux moyennant supplément) — Le Havre par ch. de fer, ou Rouen — Le Havre par bateau — Fécamp — Etretat — Dieppe — Le Tréport — Paris.

1re CLASSE 50 fr. — 2e ITINÉRAIRE — 2e CLASSE 40 fr.

Paris — Rouen — Dieppe — Rouen — Barentin (Caudebec-en-Caux moyennant supplément) — Fécamp — Etretat — Le Havre — Honfleur ou Trouville-Deauville — Caen — Evreux — Paris.

1re CLASSE 70 fr. — 3e ITINÉRAIRE — 2e CLASSE 55 fr.

Paris — Rouen — Dieppe — Rouen — Barentin (Caudebec-en-Caux moyennant supplément) — Fécamp — Etretat — Le Havre — Honfleur ou Trouville-Deauville — Caen — Cherbourg — Evreux — Paris.

1re CLASSE 80 fr. — 4e ITINÉRAIRE — 2e CLASSE 60 fr.

Paris — Dreux — Granville — Le Mont-Saint-Michel — Saint-Malo-Saint-Servan (Paramé) — Dinard — Dinan (2) — Rennes — Vitré — Fougères — Le Mans — Chartres — Paris.

1re CLASSE 90 fr. — 5e ITINÉRAIRE — 2e CLASSE 70 fr.

Paris — Evreux — Caen — Cherbourg — Saint-Lô ou Carteret — Granville — Le Mont-Saint-Michel — Saint-Malo-Saint-Servan (Paramé) — Dinard — Dinan (2) — Rennes — Vitré — Fougères — Le Mans — Chartres — Paris.

1re CLASSE 90 fr. — 5 bis ITINÉRAIRE — 2e CLASSE 70 fr.

Paris — Rouen — Dieppe — Rouen — Fécamp — Etretat — Le Havre — Honfleur ou Trouville-Deauville — Cabourg — Caen — Cherbourg — Saint-Lô ou Carteret — Granville — Dreux — Paris.

1re CLASSE 105 fr. — 6e ITINÉRAIRE — 2e CLASSE 90 fr.

Paris — Rouen — Dieppe — Rouen — Barentin (Caudebec-en-Caux moyennant supplément) — Fécamp — Etretat — Le Havre — Honfleur ou Trouville-Deauville — Caen — Cherbourg — Saint-Lô ou Carteret — Granville — Le Mont-Saint-Michel — Saint-Malo-Saint-Servan (Paramé) — Dinard — Dinan (2) — Rennes — Vitré — Fougères — Le Mans — Chartres — Paris.

1re CLASSE 105 fr. — 7e ITINÉRAIRE — 2e CLASSE 90 fr.

Paris — Dreux — Granville — Le Mont-Saint-Michel — Saint-Malo-Saint-Servan (Paramé) — Dinard — Dinan — Saint-Brieuc — Paimpol — Lannion — Morlaix — Carhaix — Roscoff — Brest — Rennes — Vitré — Fougères — Le Mans — Chartres — Paris.

1re CLASSE 115 fr. — 8e ITINÉRAIRE — 2e CLASSE 100 fr.

Paris — Evreux — Caen — Cherbourg — Saint-Lô ou Carteret — Granville — Le Mont-Saint-Michel — Saint-Malo-Saint-Servan (Paramé) — Dinard — Dinan — Saint-Brieuc — Paimpol — Lannion — Morlaix — Carhaix — Roscoff — Brest — Rennes — Vitré — Fougères — Le Mans — Chartres — Paris.

1re CLASSE 96 fr. — 9e ITINÉRAIRE — 2e CLASSE 71 fr.

Paris — Dreux — Granville — Jersey (Saint-Hélier) — Saint-Malo-Saint-Servan (Paramé) — Le Mont-Saint-Michel — Saint-Malo-Saint-Servan — Dinard — Dinan — Saint-Brieuc — Rennes — Vitré — Fougères — Le Mans — Chartres — Paris.

Le 10e itinéraire a pour point de départ Caen.

(1) La durée de ces billets peut être prolongée d'un mois, moyennant la perception d'un supplément de 10 0/0, si la prolongation est demandée, aux principales gares dénommées aux itinéraires, pour un billet non périmé.

(2) Lamballe ou Saint-Brieuc moyennant supplément.

Le trajet entre Brest et Saint-Valery-en-Caux, Fécamp et Le Havre, par chemin de fer, prévu dans les itinéraires nos 2, 3, 6 et 7, peut être remplacé par celui de Rouen au Havre par bateau à vapeur, à la volonté des voyageurs.

CHEMINS DE FER DE L'OUEST ET DU LONDON BRIGHTON

PARIS A LONDRES par Rouen, Dieppe et Newhaven

SERVICES RAPIDES DE JOUR ET DE NUIT

Tous les jours (y compris *les dimanches et fêtes*) et toute l'année

Départs de PARIS Saint-Lazare à 10 h. 20 m. et 9 h. 30 s. — Départs de LONDRES à 10 h. m. et 9 h. 10 s.

Billets simples, valables pendant 7 jours			Billets d'aller et retour, valables 1 mois :		
1re CLASSE	2e CLASSE	3e CLASSE	1re CLASSE	2e CLASSE	3e CLASSE
48 fr. 25	35 fr. »	23 fr. 25	82 fr. 75	58 fr. 75	41 fr. 60

Ces billets donnent le droit de s'arrêter à toutes les gares situées sur le parcours, sans supplément de prix.

NOTA. — Les trains du service de jour entre Paris et Dieppe (et vice versa) comportent des voitures de 1re classe et de 2e classe à couloir avec W.-C. et toilette, ainsi qu'un wagon restaurant; ceux du service de nuit comportent des voitures à couloir des trois classes avec W.-C. et toilette.

La voiture de 1re classe à couloir des trains de nuit comporte des compartiments à couchettes (supplément de 5 fr. par place). Les couchettes peuvent être retenues à l'avance aux gares de Paris et de Dieppe moyennant une surtaxe de 1 fr. par couchette.

CHEMINS DE FER DU MIDI

Les voyageurs peuvent effectuer des voyages sur le réseau du Midi (notamment dans les Pyrénées et aux gorges du Tarn), au moyen d'une des combinaisons suivantes, comportant de notables réductions sur les prix ordinaires des places :

1° Billets d'aller et retour individuels et de famille, de toutes classes

A destination des stations thermales et balnéaires situées sur le réseau du Midi.

Durée (1) : 33 jours, non compris les jours de départ et d'arrivée.

2° Billets de voyages circulaires : Paris, centre de la France, Pyrénées, Provence et gorges du Tarn (de 1re et 2e classes)

Durée (1) : 20 jours pour les voyages intérieurs du Midi (G. V., 5) et 30 jours pour les voyages communs avec l'Orléans et le P.-L.-M. (G. V., 105). — En outre, il est délivré, sur les réseaux du Midi et d'Orléans, des billets spéciaux d'aller et retour à prix réduits, pour permettre aux voyageurs porteurs de billets de voyages circulaires de visiter des points situés en dehors du voyage circulaire : les Eaux-Bonnes, les Eaux-Chaudes, Carcassonne, etc.

3° Billets d'aller et retour de famille pour les vacances

Durée (1) : 33 jours, non compris le jour du départ.

4° Cartes d'excursions de Paris dans le centre de la France et les Pyrénées

Ces cartes sont délivrées du 15 juin au 15 septembre. — Durée (1) : un mois. — Il existe cinq zones d'excursions sur lesquelles le voyageur a droit à la libre circulation (2).

Les prix totaux de la carte (y compris le trajet aller et retour de Paris à la zone choisie) sont ainsi fixés :

	1re classe	2e classe	3e classe
Zone A	150 fr.	105 fr.	70 fr.
— B ou C	190 fr.	140 fr.	95 fr.
— D ou E	230 fr.	170 fr.	115 fr.

Sur ces prix, il est accordé pour les familles une réduction qui va de 10 p. 100 pour la deuxième personne, jusqu'à 50 p. 100 pour la sixième et les suivantes.

5° Billets spéciaux d'aller et retour, de toutes classes, pour Lourdes

Délivrés au départ de toutes les gares des réseaux de l'État, du Nord, de l'Ouest, de l'Est, de P.-L.-M., d'Orléans, et dans toutes les gares du Midi situées à plus de 150 kilomètres de Lourdes. — Durée de validité variable suivant la longueur du parcours : 4 à 12 jours, non compris le jour du départ.

AVIS. — Un livret indiquant en détail les conditions dans lesquelles peuvent être effectués les divers voyages d'excursion, de famille, etc., sera envoyé gratuitement à toute personne qui fera parvenir au service commercial de la Compagnie, boulevard Haussmann, 54, à Paris (IX° arr.), le montant de l'affranchissement du livret, soit 25 centimes.

(1) Faculté de prolongation moyennant supplément de 10 p. 100.
(2) Consulter, pour les détails, le Tarif commun G.V., n° 106.

CHEMINS DE FER DE L'EST

I. — RELATIONS DIRECTES DE LA COMPAGNIE DE L'EST

(SERVICES PERMANENTS)

a) Avec la Suisse, *via* Belfort-Bâle (trains rapides);

b) Avec l'Italie, *via* Belfort-Bâle et le Saint-Gothard (trains rapides);

c) Avec Mayence, Wiesbaden, Ems et Hombourg-les-Bains, *via* Metz-Sarrebruck (trains rapides);

d) Avec Francfort-sur-Mein, *via* Metz-Sarrebruck (trains rapides), et *via* Avricourt-Strasbourg (train d'Orient), en correspondance à Carlsruhe avec des trains express pour Francfort;

e) Avec Coblence et Ems, *via* Pagny-sur-Moselle-Metz-Trèves et *via* Longwy-Luxembourg-Trèves (trains rapides);

f) Avec l'Autriche-Hongrie, la Roumanie, la Serbie, la Bulgarie et la Turquie: 1o *via* Avricourt-Strasbourg (train d'Orient); 2o *via* Belfort-Bâle, la Suisse orientale et l'Arlberg (trains rapides);

g) Avec Luxembourg, *via* Charleville, Longuyon, Longwy, Dippach (trains rapides).

II. — VOYAGES CIRCULAIRES ET EXCURSIONS A PRIX RÉDUITS

(SAISON D'ÉTÉ)

A. — EN FRANCE

1o Billets d'aller et retour de famille pour les stations thermales situées sur le réseau de l'Est. — 2o Billets d'aller et retour collectifs délivrés par les gares du réseau P.-L.-M. pour les stations thermales situées sur le réseau de l'Est.

Voyages circulaires à prix réduits pour visiter les Vosges et Belfort avec arrêts facultatifs à toutes les stations du parcours

Billets individuels et billets collectifs valables 33 jours

1o De Paris à Paris; 2o de Laon à Laon; de Nancy à Nancy : *via* Blainville, Charmes et *via* Pagny-sur-Meuse, Vaucouleurs.

Billets d'aller et retour individuels, valables 31 jours

Délivrés dans toutes les gares du réseau de l'Est conjointement avec les billets circulaires individuels et collectifs des Vosges au départ de Nancy.

B. — VOYAGES INTERNATIONAUX, a prix réduits, à itinéraires facultatifs

La Compagnie des chemins de fer de l'Est délivre toute l'année des Livrets internationaux à coupons combinables, à prix réduits, de l'Union de Chemins de fer européens, permettant aux voyageurs de composer à leur gré un voyage circulaire ou d'aller et retour à l'étranger, comprenant des parcours sur les grands réseaux français, sur les Chemins de fer algériens de l'État, algériens P.-L.-M., Ouest-Algérien, Bône-Guelma et sur certaines lignes maritimes desservies par la Compagnie générale transatlantique, la Compagnie de navigation mixte (Cie Touache), la Société de transports maritimes à vapeur, ainsi que dans les pays désignés ci-après : Allemagne, Autriche-Hongrie, Belgique, Bosnie-Herzégovine, Bulgarie, Danemark, Finlande, Italie, grand-duché de Luxembourg, Pays-Bas, Norvège, Roumanie, Serbie, Suède, Suisse et Turquie.

La réduction par rapport aux prix des billets simples atteint et dépasse 20 0/0.

Les principales conditions d'émission de ces livrets sont les suivantes

L'itinéraire doit emprunter à la fois des lignes françaises et étrangères et ramener le voyageur à son point de départ initial.

Le parcours tarifé ne peut être inférieur à 600 kilomètres; la durée de validité des livrets est de 45 jours lorsque le parcours ne dépasse pas 2000 kilomètres; 63 jours pour les parcours de 2001 à 3000 kilomètres, et 90 jours pour les parcours supérieurs à 3000 kilomètres

Les livrets doivent être demandés à l'avance; il n'est pas concédé de franchise de bagages.

Les enfants âgés de 4 ans et moins sont transportés gratuitement, s'ils n'occupent pas une place distincte; au-dessus de 4 ans jusqu'à 10 ans, ils bénéficient d'une réduction de 50 0/0.

C. — VOYAGES CIRCULAIRES, à itinéraires fixes, NORD ET SUD DES ALPES

Via Saint-Gothard, Mont Cenis, Vintimille

Les voyageurs qui désirent se rendre en Italie peuvent se procurer, à Paris et dans toutes les gares du réseau de l'Est situées sur l'itinéraire, des billets circulaires à itinéraires fixes dits « Au Nord et au Sud des Alpes », qui permettent de faire des excursions variées en Italie dans des conditions économiques.

Les touristes ont le choix entre quatre excursions au **Nord des Alpes** (parcours en dehors de l'Italie) et un grand nombre d'excursions au **Sud des Alpes** (parcours italiens), qu'ils peuvent effectuer avec deux billets délivrés conjointement.

Durée de validité des billets circulaires : 60 jours

Nota. — Pour tous autres renseignements concernant les livrets à coupons combinables, consulter le Tarif International G. V. no 203 déposé dans les gares, et, pour les billets circulaires à itinéraires fixes, le Livret des voyages circulaires et excursions de la Compagnie des chemins de fer de l'Est.

Typo B — 2

COMPAGNIE

DU

CHEMIN DE FER DU SAINT-GOTHARD

Le chemin de fer du Gothard, la ligne de montagne la plus pittoresque et la plus intéressante de l'Europe, traverse la Suisse primitive chantée par les poètes et glorifiée par l'histoire. Ses têtes de ligne au nord sont **Lucerne et Zoug**. Les tracés respectifs longent, de Lucerne à Kussnacht, le lac **des Quatre-Cantons**, et de Zoug à Arth-Goldau, le lac **de Zoug**. Des divers points de ces deux embranchements, on aperçoit le **Right**, célèbre dans le monde entier par la vue incomparable dont on jouit de son sommet. **Arth-Goldau** est gare de soudure des tronçons de Lucerne et de Zoug, ainsi que des lignes du **Sud-Est suisse** et d'**Arth-Right**. Plus loin, la ligne touche le lac de Lowerz, **Schwyz** et, pour la seconde fois, le lac **des Quatre-Cantons**, avec Brunnen, la route de l'Axen, le Rutli, la chapelle de Guillaume Tell, Fluelen et au delà Altdorf, Erstfeld, Wassen, **Goeschenen**, station de la tête nord du tunnel, où commence l'ancienne route du Saint-Gothard et d'où l'on atteint, en une demi-heure, le célèbre **Pont-du-Diable et la galerie dite Trou d'Uri, près d'Andermatt** (tous deux d'un accès facile), Bellinzona, Locarno, le lac **Majeur** (Iles Borromées), **Lugano**, connue dans le monde entier et qui est devenue une station climatérique ; elle est reliée au funiculaire du Monte-Salvatore, avec Luino, sur le lac Majeur, et avec Menaggio, sur le lac de Côme.

De là, la ligne franchit le lac de Lugano et, de la gare de Capolago où se raccorde le chemin de fer à crémaillère du **Monte-Generoso**, se dirige sur Chiasso, point terminus du Gothard, pour continuer sur Côme et Milan.

La ligne réunit ainsi, des deux côtés des Alpes, les bords des lacs les plus ravissants, émaillés de villas splendides.

Parmi les nombreux travaux d'art, œuvres gigantesques construites dans les flancs des Alpes et qui excitent l'étonnement du voyageur, il faut citer en première ligne le grand tunnel du Gothard, le plus long souterrain existant (14 998 mètres), lequel est ventilé artificiellement, de sorte que les voyageurs ne sont nullement incommodés par la fumée ; viennent ensuite les tunnels hélicoïdaux au nombre de trois sur le côté nord et de quatre sur le côté sud, le pont du Kerstelenbach, près d'Amsteg, etc., etc.

Trois rapides et trois trains directs font journellement, en six à huit heures, le trajet dans chaque direction de **Lucerne à Milan**, point central pour tous les voyageurs allant en Italie. **Wagons-lits (sleeping-cars)**, wagons-restaurants, voitures directes entre Paris et Milan, éclairage électrique, freins continus.

Prix de Paris à Lucerne :	Prix de Paris à Milan :
1re classe . . . . 89 fr. 45	1re classe. . . . . 101 fr. 85
2e — . . . . 47 fr. 60	2e — . . . . 73 fr. 40

Le chemin de fer du Gothard est la voie de communication la plus courte entre Paris et Milan (via Belfort-Bâle). A Milan, correspondance directe de et pour Venise, Bologne, Florence, Gênes, Rome, Turin. A Lucerne, correspondance directe de et pour Paris, Calais, Londres, Ostende, Bruxelles, Cologne, Francfort, Strasbourg, ainsi que de et pour toutes les gares principales de la Suisse.

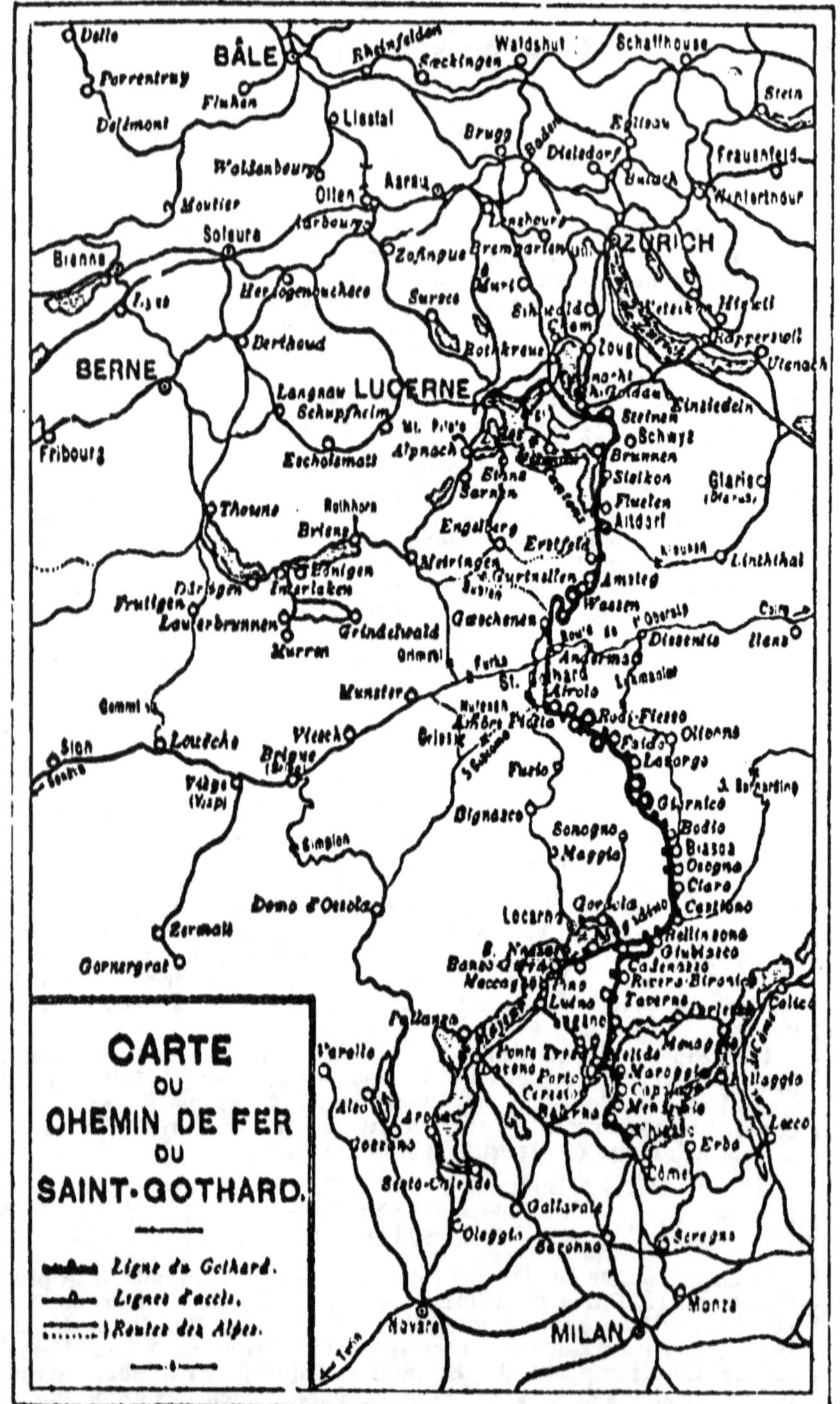

Delle
BÂLE
Rheinfelden
Seckingen
Waldshut
Schaffhouse
Stein
Porrentruy
Fluhen
Brugg
Baden
Eglisau
Frauenfeld
Delémont
Liestal
Dielsdorf
Bulach
Winterthour
Waldenbourg
Aarau
Olten
Moutier
Aarbourg
Langnau
Bremgarten
ZURICH
Soleure
Zofingue
Muri
Brienne
Herzogenbuchsee
Sursee
Sihlwald
Uster
Hinwil
Berthoud
Rothkreus
Zoug
Rapperswil
Uznach
BERNE
Langnau
LUCERNE
Horw
Goldau
Einsiedeln
Schupfheim
Stetten
Steinen
Schwyz
Fribourg
Escholzmatt
Mt. Pilate
Alpnach
Brunnen
Glaris
Stans
Sarnen
Steikon
Fluelen
Thoune
Rothhorn
Engelberg
Altdorf
Brienz
Evetfeld
A. Ruben
Linththal
Meiringen
Gurtnellen
Amsteg
Böningen
Interlaken
Wassen
Därligen
Gurtnellen
Frutigen
Göschenen
Disentis
Ilanz
Lauterbrunnen
Grindelwald
Route du Oberalp
Murren
Grimsel
Furka
Andermatt
St. Gothard
Airolo
Gemmi
Munster
Mulegen
Rudi-Flesse
Ollorns
Loueche
Viesch
Ambri Piotto
Faido
Sion
Brieg
Purto
Lazorge
Simplon
Biguasco
Bignasco
Sonogno
Giornico
S. Bernardino
Village (Viapi)
Maggia
Bodio
Biasca
Osogna
Domo d'Ossola
Clare
Zermatt
Locarno
Corula
Castione
Gornergrat
B. Nasse
Bellinzona
Bosco Gurin
Giubiasco
Meccagno Pino
Cafenazzo
Rivera-Biporca
Luino
Taverne
Orteus
Pallanza
Ponte Tresa
Lugano
Varese
Melide
Morcote
Arolo
Porto Ceresio
Capo
Alto
Arona
Manate
Lecco
Gossano
Melide
Erba
Sisto-Calende
Côme
Gallarate
Oleggio
Sesto
Saronno
Seregno
Monza
Novare
MILAN

CARTE
DU
CHEMIN DE FER
DU
SAINT-GOTHARD.

Ligne du Gothard.
Lignes d'accès.
Routes des Alpes.

AUX VOYAGEURS

MM. les Voyageurs consulteront très utilement, pour établir et suivre leur itinéraire, les **CARTES** *extraites du Grand Atlas Chaix des chemins de fer, qui se vendent séparément au prix de 3 et 4 fr. en feuilles. Ces cartes indiquent toutes les lignes en exploitation, en construction ou à construire. — Adresser les demandes à la Librairie Chaix, rue Bergère, 20, à Paris.*

NOUVEL ATLAS DES CHEMINS DE FER DE L'EUROPE

Bel album relié, composé de 20 cartes coloriées. — Prix : Paris, 60 fr.; Départements, franco, 65 fr.; Étranger, port en sus.

CARTE DES CHEMINS DE FER DE L'EUROPE au 1/2 400 000

(1 centimètre par 24 kilomètres), en quatre feuilles imprimées en deux couleurs. — Dimensions totales : 2 m. 15 sur 1 m. 55. — Prix : les quatre feuilles, 22 fr.; sur toile, avec étui, 32 fr.; montée sur gorge et rouleau, vernie, 38 fr. Port en sus pour la France, 1 fr. 50; Algérie, 3 fr.; à l'Étranger, port en sus.

CARTE DES CHEMINS DE FER DE LA FRANCE au 1/800 000

(1 centimètre pour 8 kilomètres), avec cartes de l'Algérie et des colonies, et les plans des principales villes de France, imprimée en huit couleurs sur quatre feuilles grand monde. — Dimensions totales : 2 m. 15 sur 1 m. 55. — Indiquant toutes les stations, avec tirage en couleur, spécial pour chaque réseau. — Prix : les quatre feuilles, 24 fr.; sur toile, avec étui, 34 fr.; montée sur gorge et rouleau, vernie, 38 fr. — Port en sus pour la France, 1 fr. 50; Algérie, 3 fr.; à l'Étranger, port en sus.

CARTE DES CHEMINS DE FER DE LA FRANCE et de la

NAVIGATION, à l'échelle de 1/1 200 000, imprimée en deux couleurs sur grand monde (1 m. 20 sur 0 m. 90). Cette carte, coloriée par réseaux, indique les lignes en construction, en exploitation, les lignes à voie unique et à double voie, toutes les stations, etc. Six cartouches contenant les cartes spéciales de Paris, Bordeaux, Lille, Lyon, Marseille et leurs environs, et la Corse complètent la carte. — Les cours d'eau sont imprimés en bleu. — Prix : en feuilles, 6 fr.; collée sur toile dans un étui, 9 fr.; montée sur gorge et rouleau, 12 fr. Port en sus, 1 fr.

ANNUAIRE-CHAIX DES PRINCIPALES SOCIÉTÉS PAR ACTIONS

Contenant des renseignements d'une utilité pratique sur les Compagnies de chemins de fer, les Institutions de crédit, les Banques, les Sociétés minières, de transport, industrielles, les Compagnies d'assurances, etc. — Une notice spéciale est consacrée à chaque Société, indiquant les noms et adresses des administrateurs, directeurs et des principaux chefs de service, — les dispositions essentielles des statuts, — les titres en circulation, — le revenu et le cours moyen des titres pour l'exercice précédent, le cours du 2 novembre de l'exercice en cours ou, à défaut, le dernier cours coté précédemment, — les époques et lieux de payement des coupons, etc. — Une liste des agents de change de Paris et des départements et une autre des principaux banquiers de Paris, Lyon, Marseille, Bordeaux, Toulouse et Nantes, complètent le volume. — Un vol. in-18 de 500 p. — Prix : cart., 3 fr. 50; par poste, en plus, 50 c.

COMPAGNIE DES MESSAGERIES MARITIMES

SOCIÉTÉ ANONYME AU CAPITAL DE 45 000 000 DE FRANCS

PAQUEBOTS-POSTE FRANÇAIS
Lignes de l'Indo-Chine

Départ de Marseille, tous les 28 jours, le dimanche, pour Port-Saïd, Suez, Djibouti, Colombo, Singapore, Saïgon, Hong-kong, Shang-haï, Kobé et Yokohama. (Correspondance à *Colombo* pour *l'Australie* et la *Nouvelle-Calédonie*.)

Départ de Marseille, tous les 28 jours, le dimanche, pour Port-Saïd, Suez, Aden, Bombay, Colombo, Singapore, Saïgon, Hong-kong, Shang-haï, Kobé et Yokohama.

Départ de Marseille, tous les 28 jours, le mercredi, pour Colombo, Saïgon et Haïphong (*pour marchandises seulement*).

Correspondance

1° A *Colombo*, pour *Pondichéry, Calcutta* (tous les 28 jours).

2° A *Singapore*, pour *Batavia* (par chaque courrier).

3° A *Saïgon*, pour *Nha-Trang, Quinhon, Tourane* et *Haïphong* (service hebdomadaire).

4° A *Saïgon*, pour *Poulo-Condor* et *Singapore* (tous les 14 jours).

Lignes de l'Australie et de la Nouvelle-Calédonie

Départ de Marseille, tous les 28 jours, le mercredi, pour Port-Saïd, Suez, Aden, Bombay, Colombo, Freemantle, Adélaïde, Melbourne, Sydney et Nouméa. (Service annexe des Nouvelles-Hébrides.)

Lignes de l'océan Indien

Départ de Marseille : 1° le 10 de chaque mois, pour Port-Saïd, Suez, Djibouti, Mombassa, Zanzibar, Mutsamudu (ou Moroni), Mayotte, Majunga, Nossi-Bé, Diégo-Suarez, Tamatave, la Réunion et Maurice ; 2° le 25 de chaque mois, pour Port-Saïd, Suez, Djibouti, Aden, Mahé, Diégo-Suarez, Sainte-Marie, Tamatave, la Réunion et Maurice. (Correspondance à *Diégo Suarez* pour *Nossi-Bé, Majunga, Analalave, Maintirano, Morondava, Ambohild* et *Tuléar*.)

Lignes de la Méditerranée et de la mer Noire

Départ de Marseille, tous les 14 jours, le jeudi : 1° pour Naples, Alexandrie, Port-Saïd et Beyrouth ; 2° pour Naples, Le Pirée, Smyrne, Dardanelles, Constantinople, Smyrne, Vathy-Samos (ou Rhodes), Beyrouth, Larnaca, Mersina, Alexandrette, Lattaquié, Tripoli et Beyrouth ; 3° pour Naples, Alexandrie, Port-Saïd, Jaffa et Beyrouth.

Départ de Marseille, tous les 14 jours, le samedi ; 1° pour Calamata, La Sude, Le Pirée, Smyrne, Dardanelles, Constantinople, Samsoun, Trébizonde et Batoum ; 2° pour Patras, Syra, Salonique, Constantinople et Odessa.

Lignes de l'océan Atlantique

Départ de Bordeaux : 1° tous les 28 jours, le vendredi, pour Porto-Leixoes, Lisbonne, Dakar, Rio-Janeiro, Santos, Montevideo et Buenos-Ayres (et pour *Santiago* et *Valparaiso (Chili)* par transit à travers la *Cordillère*) ; 2° tous les 28 jours, le vendredi, pour Vigo, Lisbonne, Dakar, Pernambuco, Bahia, Rio-Janeiro, Montevideo et Buenos-Ayres (et pour *Santiago* et *Valparaiso (Chili)* par transit à travers la *Cordillère*).

BUREAUX :

PARIS, 1, rue Vignon — 14, boulevard de la Madeleine

MARSEILLE, 16, rue Cannebière

BORDEAUX, 20, allées d'Orléans — **LE HAVRE**, 117, boul. de Strasbourg

LYON, 7, place des Terreaux

Et dans tous les ports desservis par les paquebots de la Compagnie

COMPAGNIE DE NAVIGATION MIXTE

SOCIÉTÉ ANONYME AU CAPITAL DE 4 038 300 FRANCS

PAQUEBOTS-POSTE FRANÇAIS

ALGÉRIE, TUNISIE, SICILE, TRIPOLITAINE, ESPAGNE, MAROC

Départs de MARSEILLE pour :

Tunis (rapide), Sousse, Monastir, Mehdia, Sfax, Gabès, Djerbab et Tripoli. — mercredi 1 h. soir.

Oran, Melilla, Nemours, Tanger (toutes les semaines). — mercredi 8 h. soir.

Beni-Saf, Tetouan, Gibraltar, Tanger, Malaga (par quinzaine). — mercredi 8 h. soir.

Philippeville (rapide) et Bône . jeudi midi.

Alger (rapide) . . . . jeudi 6 h. s.

Bizerte, Tunis et Palerme. . . sam. 7 h. s.

Alger (via Cette et Port-Vendres) . . . . sam. 8 h. s.

Mostaganem, Arzew . . . . . Tous les 10 j.

Départs de PORT-VENDRES pour :

Alger (rapide) . . . . dimanche 8 h. s.

Oran (rapide) . . . . vendr. 8 h. 30 s.

Départs de CETTE pour :

Alger (via Port-Vendres). dimanche 9 h. m

Oran — jeudi minuit.

SERVICES COMBINÉS AVEC LES CHEMINS DE FER

Toutes les gares françaises délivrent, aux conditions du Tarif commun G.V. n° 205 des chemins de fer, des Billets circulaires à itinéraires facultatifs établis au gré des voyageurs, valables 90 jours, et comportant à la fois des parcours en chemin de fer et des traversées maritimes à effectuer à prix réduits sur les paquebots de la Compagnie de navigation mixte. Ces billets permettent l'arrêt facultatif dans tous les ports ou gares de l'itinéraire qu'ils comportent.

La Compagnie participe en outre à la délivrance des Coupons combinables du VEREIN (Union des Chemins de fer allemands).

POUR FRET ET PASSAGES, S'ADRESSER A :

MARSEILLE, exploitation, 54, rue Cannebière.

LYON, siège social, 41, rue de la République.

PARIS, MM. Marzolf et Cie, 51, rue du Faubourg-Poissonnière. — Compagnie de navigation mixte. — Bureau des passages, 9, rue de Rome. — Télégramme : Burnos-Paris. —

Téléphone 280-90. — Général Ticket Office, Hôtel Terminus (gare Saint-Lazare).

PORT-VENDRES, M. Gaston Pams.

CETTE, M. P. Caffarel, 13, quai de Bosc.

NICE, MM. Aug. Carlet et Perrugia, 1, quai Lunel.

PALERME, MM. Tagliava et Frères.

Et en général aux correspondants de la Compagnie ou aux Agences Cook, Duchemin, Fournier, Gaze, Lubin, etc.

GRAND PRIX, PARIS 1900

EAU **DU DOCTEUR**

PATE

ET

POUDRES

DENTIFRICES

En vente

PIERRE

DE LA

FACULTÉ DE MÉDECINE

DE PARIS

partout

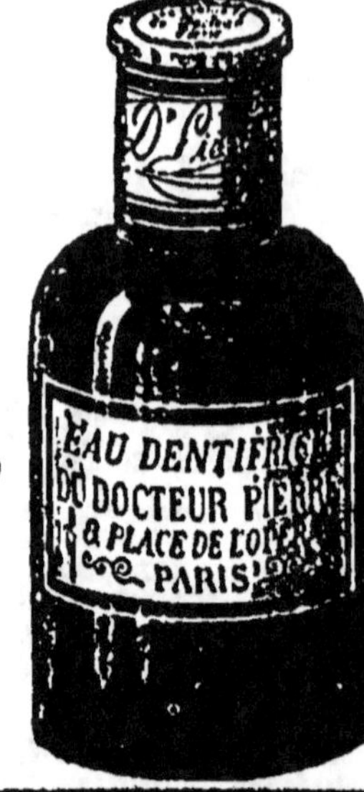

VEILLEUSES FRANÇAISES

FABRIQUE A LA GARE
MAISON JEUNET, fondée en 1838

JEUNET FILS

SUCCESSEUR DE SON PÈRE
Actuellement rue Saint-Merri, 11

Toutes

nos

boîtes

portent

en

timbre sec

JEUNET INVENTEUR

MAISON TOY

Maisons TOY et LÉVEILLÉ réunies

10, rue de la Paix, 10

Anciennement 6, rue Halévy

DÉPOT de MINTON

Grès flammés de Delaherche

Services de table, Porcelaines, Cristaux et Faïences

MODÈLES SPÉCIAUX

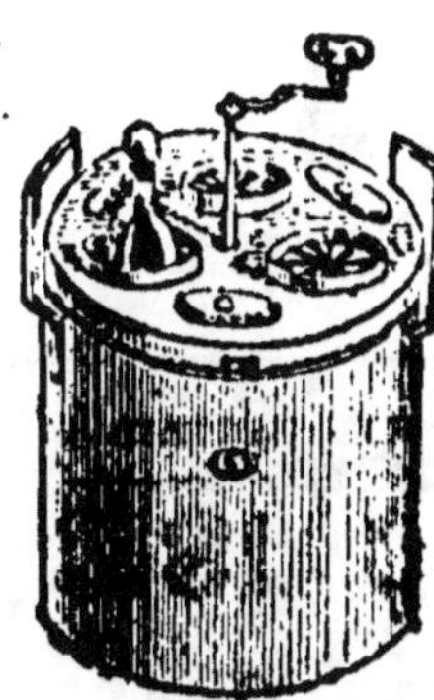

GLACIÈRE
DES
CHATEAUX

La seule qu'on fasse fonct'onner sous les yeux du public

Produit en 10 minutes de 500 gr. à 16 kilogr. de Glace, ou des Glaces, Sorbets, etc. par un sel inoffensif

Se méfier des contrefaçons.

J. SCHALLER — 332, rue Saint-Honoré, Paris

Prospectus franco

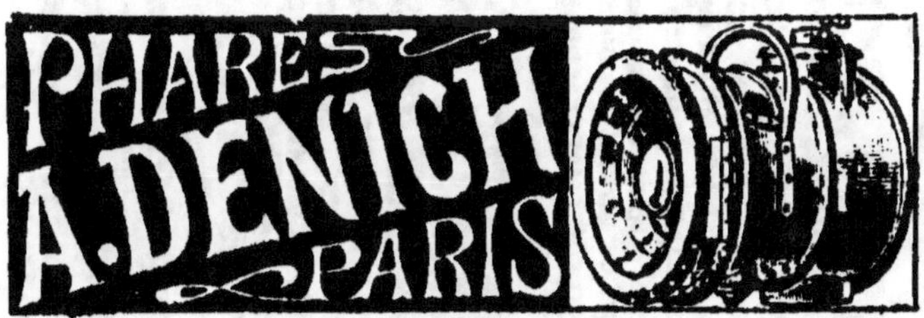

144, rue Saint-Maur, 144

PARIS

Londres, 14, Featherstone Buildings

Envoi gratis du Catalogue sur demande

Le Bœuf à la Mode

RUE DE VALOIS, 8 (PALAIS-ROYAL)

Le plus ancien des Restaurants parisiens

ayant conservé

les traditions de la bonne cuisine française

A PROXIMITÉ

DES

THÉATRES FRANÇAIS ET PALAIS-ROYAL

PRIX MODÉRÉS

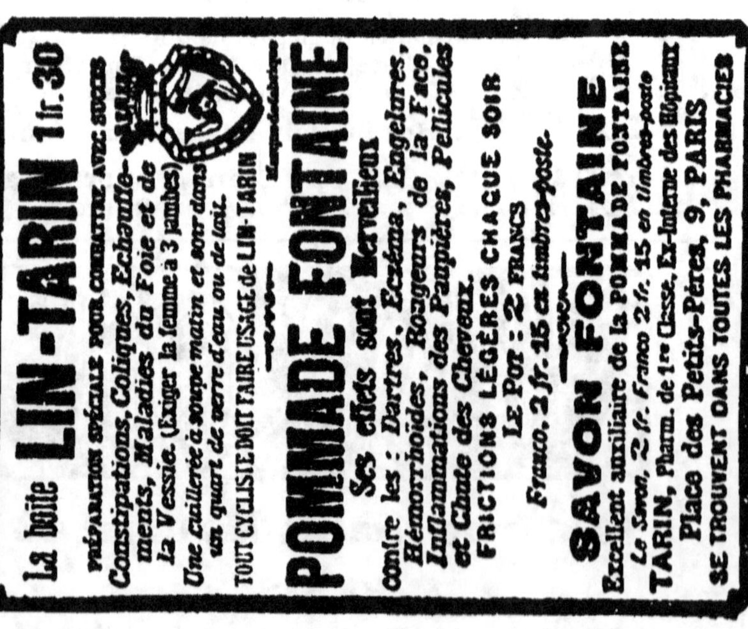

HOTEL MIRABEAU

PARIS — 8, rue de la Paix, 8 — PARIS

VUE DE LA COUR D'HONNEUR

CHAMBRES et APPARTEMENTS de TOUTES GRANDEURS

SUCCURSALES EN ÉTÉ (fin mai-fin septembre)

À CHATEL-GUYON (Puy-de-Dôme), Splendid et Nouvel Hôtels;
À CONTREXÉVILLE (Vosges), Grand-Hôtel

— 78 —

MONTE-CARLO

SAISON D'HIVER ET SAISON D'ÉTÉ

30 MINUTES DE NICE — 15 MINUTES DE MENTON

LE TRAJET DE PARIS A MONACO SE FAIT EN 13 HEURES 1/2
DE LYON EN 9 HEURES, DE MARSEILLE EN 4 HEURES
DE GÊNES EN 6 HEURES

Parmi les Stations hivernales du littoral méditerranéen, **Monaco** occupe la première place, par sa position climatérique, par les distractions et les plaisirs élégants qu'il offre à ses visiteurs et qui en font aujourd'hui le rendez-vous du monde aristocratique.

La température, en été comme en hiver, est toujours très tempérée, grâce à la brise de mer qui rafraîchit constamment l'atmosphère

Monaco — Les **Thermes Valentia**, créés en 1895, sont merveilleusement aménagés et centralisent toutes les découvertes de la science moderne en balnéologie, hydrothérapie, électrothérapie, etc. — Le Casino de **Monte Carlo**, en face de **Monaco**, est remarquable par ses salles de jeux spacieuses et bien ventilées, par ses élégants salons de lecture et de correspondance.

Pendant toute la saison d'hiver, une nombreuse troupe d'artistes d'élite y jouent, plusieurs fois par semaine, l'opéra, l'opéra-comique, la comédie, le vaudeville, l'opérette.

Des concerts classiques, dans lesquels se font entendre les premiers artistes d'Europe, ont également lieu pendant toute la saison. L'orchestre du Casino, composé de plus de cent exécutants de premier ordre, se fait entendre deux fois par jour pendant toute l'année.

TIR AUX PIGEONS DE MONACO

Ouverture en décembre

Concours spéciaux et Tirs d'exercice. — Grands concours internationaux en janvier et en mars, pendant les Courses et les Régates. — Poules à volonté. — Tirs à distance fixe. — Handicaps.

Palais des Beaux-Arts avec Jardin d'hiver

Exposition des Beaux-Arts, de janvier à avril

Le prix des entrées (1 fr.) est employé en totalité à l'achat d'œuvres exposées, qui forment les lots d'une tombola (prix du billet : 1 fr.).

Des représentations sont données sur la scène du théâtre du Palais des Beaux-Arts.

Batailles de fleurs, Régates, Concours d'automobiles

Exposition et Concours de canots automobiles

HOTEL DE PARIS

UN DES PLUS SOMPTUEUX DU LITTORAL MÉDITERRANÉEN

Sur la place du Casino

NICE
NICE
Parc Impérial
Ancienne résidence de la Famille Impériale de Russie et d Sa Majesté le Roi Oscar de Suède
HOTEL IMPÉRIAL
225 CHAMBRES ET SALONS
50 SALLES DE BAINS
10 APPARTEMENTS
AVEC TERRASSES COUVERTES
Ce palais, entièrement incombustible, meublé tres luxeusement avec le dernier confort moderne, est situé dans le Parc Impérial d'une contenance de dix hectares, entièrement plantés d'orangers, jouit d'une vue merveilleuse sur la mer et les montagnes. — Plein Midi. — Soleil toute la journée. — Eau de Source. — Table d'hôte. — Restaurant à la carte. — Salons particuliers. — Cuisine et Cave de premier ordre. — Ascenseurs. — Lumière électrique. — Service de voitures. — Lawn-Tennis. — Billards français et anglais. — Bar américain.

     Typo **B — 4**

HYGIÈNE DE LA BOUCHE

Une bonne **Eau dentifrice** doit non seulement bien nettoyer les dents, mais, en outre, purifier la bouche en tuant les microbes qui s'y rencontrent et qui sont la cause de la carie et des maladies diverses (*pneumonies, grippes, angines couenneuses*, etc.); cela est aujourd'hui prouvé. Aussi le **Coaltar Saponiné Le Beuf** jouissant, sans contestation possible, des qualités requises, puisque ses remarquables propriétés antiseptiques, microbicides et détersives l'ont fait admettre dans les **hôpitaux de Paris**, c'est à ce produit que nous devons avoir recours pour la toilette quotidienne de la bouche, de préférence aux préparations des parfumeurs, qui ne peuvent lui être comparées.

Le flacon, 2 fr. — Les six flacons, 10 fr.

Dans les pharmacies — Se défier des imitations

Bien spécifier : **COALTAR SAPONINÉ LE BEUF**

MAISON AUG. GAFFARD, A AURILLAC

Aperçu de quelques produits spéciaux ayant obtenu les plus hautes récompenses dans toutes les expositions où ils ont figuré. — Gland doux, Moka-français et Malt Gaffard, pseudo-cafés hygiéniques, remplaçant avantageusement le café des îles. — Mélanogène, poudre pour encres noire, violette, rouge et bleue. — Muriotde phosphoré pour la destruction des rats. — Extraits saccharins pour l'obtention rapide des liqueurs de table. — Lustre cuivre. — Oxyde d'aluminium pour affiler les rasoirs. — Poudre vulnéraire vétérinaire. — Produits spéciaux divers. — Usine à vapeur et Maison d'expédition, enclos Gaffard, à Aurillac (Cantal). — Envoi de notices détaillées sur demande affranchie. — Conditions spéciales pour d'importantes commandes.

MICHELIN & Cie

CLERMONT-FERRAND

Dépôt à Paris : boulevard Pereire, 105 (17e)

TÉLÉPHONE 502.08

LE BOULOU

EAUX BICARBONATÉES SODIQUES FORTES

Les seules de cette nature dans les Pyrénées

FOURNISSEUR DES MINISTÈRES

de la Guerre, de la Marine et des Colonies

MALADIES DE L'ESTOMAC

du Foie, de l'Intestin, de la Vessie, le Diabète
les Fièvres paludéennes, Convalescences

EN VENTE PARTOUT

Établissement ouvert toute l'année

CHAPELLE — CHEMIN DE FER

PAU
PALAIS D'HIVER

Grand Casino ouvert toute l'année.

Eaux minérales naturelles admises dans les Hôpitaux

SAINT-JEAN. Maux d'estomac, appétit, digestions.
PRECIEUSE. Foie, calculs, bile, diabète, goutte
DOMINIQUE. Asthme, chlorose, débilité.
DÉSIREE. Calculs, coliques
MAGDELEINE. Reins, gravelle.
RIGOLETTE. Anémie.
IMPÉRATRICE. Maux d'estomac

Très agréable à boire — Une bouteille par jour

Société générale des EAUX, VALS (Ardèche)

La Société expédie sur demande des caisses d'origine, au prix de 15 fr. les 24 bouteilles et 30 fr. les 50 bouteilles, rendues franco à la gare de Vals.
Les eaux des sources Saint-Jean et Précieuse existent en 1/2 et en 1/4 de bouteilles.
Direction : rue Greffulhe, 4, Paris

TROUVILLE-sur-MER

REINE DES PLAGES
3 HEURES DE PARIS

RENDEZ-VOUS DU MONDE ÉLÉGANT
ET DE
LA HAUTE ARISTOCRATIE

Réunion de toutes les attractions : grandes courses de chevaux (durée 15 jours, 300 000 fr. de prix). — *Régates internationales.* — Polo. — Tir aux pigeons. — **Jeux divers.**

GRAND CASINO
EDEN-CONCERT
Magnifiques excursions aux environs